张廷玉

肱股之臣：张廷玉

吴新华◎著

中国铁道出版社有限公司
CHINA RAILWAY PUBLISHING HOUSE CO., LTD.

图书在版编目（CIP）数据

肱股之臣 : 张廷玉 / 吴新华著 . -- 北京 : 中国铁道出版社有限公司 , 2025. 7. -- ISBN 978-7-113-32496-4

Ⅰ. K827=49

中国国家版本馆 CIP 数据核字第 2025RH4360 号

书　　名：肱股之臣：张廷玉
GONGGU ZHI CHEN：ZHANG TINGYU

作　　者：吴新华

责任编辑：陈晓钟　　　　电　　话：（010）51873038

封面设计：刘　莎

责任校对：刘　畅

责任印制：赵星辰

出版发行：中国铁道出版社有限公司（100054，北京市西城区右安门西街 8 号）

网　　址：https://www.tdpress.com

印　　刷：天津嘉恒印务有限公司

版　　次：2025 年 7 月第 1 版　　2025 年 7 月第 1 次印刷

开　　本：710 mm × 1 000 mm　1/16　印张：10　字数：145 千

书　　号：ISBN 987-7-113-32496-4

定　　价：88.00 元

序

张廷玉是清朝重臣，颇受“康、雍、乾”三帝青睐，三朝为相的经历在清朝历史上独一无二。张廷玉在官场属于“不倒翁”，不少专家学者探求其成功的秘诀，却始终难以把握。

张廷玉成功的秘诀既平常又不平常。说平常，是因为他廉洁奉公、忠君爱国；说不平常，是因为他讲情商、有智慧。就是这样一位既平常又不平常的张大学士，经过五十年含辛茹苦的努力，为大清朝作出了不可磨灭的贡献，成为一代名相！

在清朝，为官的最高准则就是忠君爱国。张廷玉虽对皇上忠心耿耿，想皇上之所想，急皇上之所急，却绝不愚忠，而是协助皇上将国家治理得更好，这就是爱国的具体体现。他深信，只有皇上是明主，国家才会富强，百姓才会安居乐业。反过来，百姓安居乐业了，国家自会强大，君主与贤臣必将广受百姓的爱戴。

比如解决棚民问题，棚民对朝廷、官员有误解，张廷玉便明察暗访，扮成平民百姓去民间调研，终于掌握第一手资料，为下一步问题解决作出了科学决策。

都说爱国与爱民是紧密联系的，官员们只有爱民才会爱国，如果不爱民，一切都是空谈。张廷玉就是这样一位既爱民又爱国的政治家。

为官的底线是廉洁奉公。对于廉洁奉公，谁都知道，但身居其位者是否能真正做到就不一定了。虽然经过十年寒窗苦读才考取功名当官，但要知道为官者拿的“俸禄”、吃的“皇粮”，都来自老百姓。因此，为官者应把心思用在为民谋利上，而不是挖空心思谋生财之道。

张廷玉为官清廉，他在大学士位子上坐了数十年，多少权贵、官员费尽心机巴结、贿赂他，却都徒劳无功。张廷玉牢牢把握为官底线，不受贿也不行贿，即使生日那天，也将别人送的寿礼一一退还！为官之道，就是站得正，行得直，就是克服人性的弱点，不贪财，不弄权。

为官之道就是选择正确道路。许多官员为了蝇头小利拉帮结派，这种伎俩最终会离光明的前程越来越远，根本不可能成大事。张廷玉初入官场，一些王爷、高官千方百计拉他入圈子，但是张廷玉没接受。他牢记父亲张英的嘱托，一心忠君爱民。这是张廷玉五十年官场风雨中不倒的法宝。道路的选择对每个人至关重要，只有选择了正确的道路，才能到达成功的彼岸。

为官之道，不仅要与上级、同级关系融洽，而且要与下级、普通群众打成一片。张廷玉就是这样的人，与上级、同僚关系不错，与下属、广大群众也谈得来，各方面关系都处理得游刃有余，这让他在事业上如鱼得水，事半功倍。

人际关系是门大学问。张廷玉面对各式各样的挑战从不低头，凭借自己的智慧总能轻而易举地化解。比如皇家某位王爷要多占点儿银粮，几位负责分发银粮的前任忍气吞声，李卫接手后便巧用了张廷玉提示的一条小小妙计，让对方乖乖地退还银粮。

张廷玉作为“康、雍、乾”三世配享太庙的唯一汉臣，他的处世智慧超乎人们的想象，他的全身之道是建立在对凶险环境的清醒认识之中的。乾隆皇帝抄张家时，在他的书籍、信件、诗词中，查遍一番竟然没有发现只言片语的“违禁”之处。张廷玉的高情商是现代人学习的宝贵财富。无论何时何地，他都能够将千头万绪的关系梳理得有条不紊，就这样，他凭借高超的处世智慧应对着复杂凶险的人心，不得不令人钦服！

为官的重点是义理、纲常。在张廷玉眼里，忠君爱民是天道，即为国家及天下苍生谋福祉，视名利钱财至为微贱，这也是张廷玉与万千官僚的巨大差别。

三百多年前，张廷玉在尔虞我诈、钩心斗角的大清官场中追求作为，但还是受到限制，比如君主的残暴、部分同僚的人性险恶。张廷玉超越了这些局限，施展才华，有功于朝廷君主，造福于一方黎民。他的操守和行为给我们为人处世以有益的启示!

在波澜壮阔的新时代，唯有奋斗留下深深的烙印，唯有奋斗永葆青春的朝气，唯有奋斗才会收获别样的幸福。不管何时何地，都别撂下奋斗。

作　者

书中主要官名注释

铁帽子王：清朝皇族中世袭原封爵位的亲王，即“世袭罔替”，一共是十二家，礼亲王、郑亲王、睿亲王、豫亲王、肃亲王、庄亲王、克勤郡王、顺承郡王、怡亲王（从胤祥开始）、恭亲王、醇亲王、庆亲王。

后妃：清代后妃排名是，皇后一人，居中宫，皇贵妃一人，贵妃二人，妃四人，嫔六人，贵人、常在、答应人数无限制。

军机大臣：雍正七年设军机房，八年改名军机处，设有军机大臣，领班军机大臣后成为事实上的首辅。

大学士：康熙恢复内阁，设大学士等职，大学士仍冠以殿阁之名。清初有四殿（中和殿、保和殿、文华殿、武英殿）二阁（文渊阁、东阁），乾隆时去掉中和殿，增设体仁阁，为三殿三阁。

抚远大将军：大将军是战时最高军事统帅，由皇帝特派，专事征伐，战争结束后撤销。除抚远大将军外，清代大将军还有奉命大将军、定国大将军、扬武大将军、定边大将军、宁远大将军、靖远大将军等，一些封号只授予过一人。

理藩院尚书：理藩院负责西北等地民族事务，兼办对俄罗斯外交，体制和六部相同，由理藩院尚书统管，乾隆设管理院务大臣，由大学士兼任。

领侍卫内大臣：禁旅八旗中侍卫皇室的亲军，从上三旗中挑选，以勋戚大臣统领，称领侍卫内大臣，下设内大臣、散秩大臣、一等侍卫、二等侍卫、三等侍卫等。

总督：清代正式确立为地方最高长官，通常统掌若干省区文武、军民，总理军政，直隶总督被称“疆臣之首”，另有漕运总督、河道总督等管理特定事务的总督。

巡抚：清代正式确立为省级地方政府长官，总揽一省军政。

八旗都统：分别执掌八旗，为一旗的最高长官，既负责军务，也负责民事。

步军统领：统帅八旗的步军营和绿营的巡捕五营（雍正时是三营），掌管京师正阳、崇文、宣武、安定、德胜、东直、西直、朝阳、阜成等九个城门内外的守卫巡警等事务，并负责巡逻稽查外城和京郊等地。

庶吉士：由通过科举考试中进士的人当中有潜质者担任，为皇帝近臣，负责起草诏书，有为皇帝讲解经籍等责。庶吉士一般为期三年，其间由翰林内经验丰富者为教习，授以各种知识。三年后，在下次会试前进行考核，称“散馆”。成绩优异者留任翰林，授编修或检讨，正式成为翰林，称“留馆”。其他则被派往六部任主事、御史，亦有派到各地方任官。

太医院院使：太医院掌医药卫生，主要为宫廷服务，通常由院使执掌，下面有左右院判。

御前侍卫：乾清门内的内廷侍卫包括御前侍卫、御前行走、乾清门侍卫、乾清门行走等，由御前大臣统领。

目录

第一章　精彩的成长史

与死神擦肩而过

我们先从一份档案开始。

姓 名：张廷玉　　　　血 型：未知

性 别：男　　　　学 历：进士、翰林院庶吉士

民 族：汉　　　　职 业：官员

生卒年：1672—1755 年　　　　家庭出身：官二代

父 母：父亲，张英，文华殿大学士兼礼部尚书

母亲，姚氏，家庭妇女

座右铭：摆正位置，跟对领导

主要经历：

1672—1682 年，游玩；

1682—1698 年，学习；

1698—1750 年，为官从政；

1750—1755 年，退休在家。

一切都要从大清康熙十一年（1672 年）的那个早晨开始说起。那天，庶吉士张英的妻子姚氏生下一名男婴，而这名男婴就是后来鼎鼎大名的张廷玉。

张廷玉是张英次子。张英抚养这个孩子相当有信心，大儿子就是成功的案例。张廷玉虽然出生在富裕家庭，但他的童年并不顺利，多次与死神擦肩而过。

张廷玉两周岁那年，有一次出远门，奶妈抱着他坐上了马车。过了一会儿，奶妈感觉不对，手里怎么这么轻？原来，张廷玉早已摔落车下。当奶妈将可怜的张廷玉捡起来时，小家伙已经休克了。奶妈大声叫唤，张廷玉也没能醒过来。他，第一天没醒，第二天没醒，第三天还是没醒。郎中认为张廷玉没救了。后来在家人请人打造了小棺材，准备将他入殓时，奇迹却突然出现了，张廷玉“哇”一声尖叫，悠悠醒转，从鬼门关爬了回来。

童年的张廷玉喜欢玩儿，到处跑。春天放风筝，夏天抓知了，秋天抓青蛙，冬天堆雪人。那天，他与小伙伴爬到半山腰，突然，一匹灰狼挡在面前，大家惊慌跑路，可张廷玉却慢了半拍，被恶狼撵上，咬破了屁股。张廷玉摔倒在地，眼看即将成为恶狼的晚餐，这时一位“强者”救了他。这位“强者”当然不是人，而是动物界的“大哥大”——老虎。恶狼见“虎大哥”扑面而来，不要说吃大餐了，自己也要成为别家的大餐，于是夺路而逃。张廷玉趁势滚了一圈，钻进山洞中，躲了起来。

接下来，张家人点着火把出来寻找，大家都觉得张廷玉肯定没命了，可正当他们因寻不到人而准备回去时，张廷玉却从山洞中一点儿一点儿地爬了出来。

还有一次，张廷玉随父亲张英出远门。走着走着，张英听到湖里传来“扑通”一声，转身一看，儿子张廷玉掉湖里了。张英是一介文人，又不会游泳，看着儿子在水下冒泡泡，他相当焦急，于是赶紧喊人救命。等他带人拎着绳索回来时，湖面却如镜子一般平静。张英想，这次儿子真的没救了。但是张英提出“死要见尸，活要见人”。正在人们大张旗鼓打捞时，一个孩子小跑了过来，此人正是张廷玉。原来，他早被一名渔夫救了起来。

幼小的张廷玉就这样三次死里逃生。张英感觉这个孩子难养，于是便限制了他出去的自由，还请来算命先生给他占了一卜。算命先生说："此子大难不死，必有后福。"张英半信半疑，他不奢望这个活宝能封侯拜相，只求安安全全长大，续上香火就好。张英深深懂得这世上最宝贵的东西不是地位，不是荣誉，也不是金钱，而是实实在在的性命！

接下来，张廷玉的童年就在家里度过了。每天总有人陪伴他，这些人不是老师，也不是小伙伴，而是看管他的佣人。张廷玉整天面对这些佣人，感觉不好玩。有一次，他看见父亲拿毛笔写字，感觉好玩，就开始学练书法。张英抓住这个机会，请来教书先生，他坚信兴趣对学习非常重要。让人意想不到的是，他这次竟然误打误中了。

对十四岁的张廷玉来说，他的梦想不是当官，而是成为一名书法家。每天给人写字赚钱，多么自由，多么风光。当官是一张纸，做人是一辈子，而书法却可流芳百世。

张廷玉读书不认真，但是练起毛笔字来却非常刻苦，三五年后，他的书法很有起色，在当地小有名气。许多人慕名前来切磋，有的人干脆讨、买字帖。

一个人要想成功难免经过磨难，就像传说中的凤凰一般，历经苦难，投入火中，千锤百炼，才能浴火重生，成为光芒万丈的神鸟！

张廷玉，继续努力吧，命运之神正等待着你！

退一步海阔天空

这一天，十六岁的张廷玉正在泼墨挥毫的兴头上，张家总管慌慌张张地跑了进来，张廷玉吃惊地问发生了什么事。张总管说："邻居吴家建房，侵占了咱们家三尺土地。"

张廷玉怒不可遏，带领家丁去跟吴家说理，结果双方互不相让，最终闹到了县衙。由于两家都是高官望族，县官一时难以决断，于是，张廷玉决定写信给在京的张英求助。当张英见到儿子千里之外的来信，很快便回了信，信中只写了一首诗，内容虽少，却四两拨千斤。

诗是这么写的：

千里修书只为墙，

让他三尺又何妨？

长城万里今犹在，

不见当年秦始皇。

张英这个睿智的让步，解开了张吴两家多年的矛盾和积怨，也收到了非常好的效果。张英的诗在朝廷中广为流传，也传到了康熙皇帝耳中。康熙皇帝感觉张英这位汉臣相当靠谱，便对他另眼相看。

面对强大的舆论压力，吴家及时调转船头，也主动拆除了墙头，将多占的三尺土地退回。两家间便形成了一条六尺宽的巷道，这就是有名的“六尺巷”！

真是忍一时风平浪静，退一步海阔天空！

难解的谜团

后来，张英协助康熙皇帝平定了吴三桂，理应受到封赏，就连守门的小军卒也认为张英一定会升官。但是张英做了一个惊人的决定——请假回老家。

张英回到老家，自然成了当地热门人物。每天张府都门庭若市，大家都知道张英在平定“三藩之乱”中立有汗马功劳。“三藩”就是平南王尚可喜、靖南王耿精忠、平西王吴三桂，他们可都是举足轻重的人物。其中最难搞的就是吴三桂，双方打了整整八年，后来张英提出各个击破的策略，才促成清廷最后的胜利。大家认为，康熙皇帝一定会重重奖赏张英的。

可张英在家住了一个月、三个月、半年，却丝毫不见动身去京城的样子。桐城的老百姓很纳闷，张英有着大好前程不去京城，却窝在这么个山沟沟里，难道要学陶渊明？

不久，民间传来了张英的诸多负面消息：什么贪赃枉法，群众基础差，被领导看不上等。

张英也不去辩解，但有一个人相当着急，此人就是张英的次子张廷玉。父亲可以说是自己崇拜的偶像、家庭的支柱，不能出意外啊！

就这样，张英在家看书、写字，偶尔还爬爬山，可依然没有回京的打算。张英并没有因为在家待业半年，就如热锅上的蚂蚁团团转。

其实张英不是不想回京，而是在等待时机，但儿子张廷玉却等不及，他多次催问父亲为什么不回京城！

张英面对这个可爱的儿子，只说："你还小，不懂官场。"

张廷玉对父亲的答复极不满意，他想探知真实原因。他哭哭闹闹地向父亲索要那个神秘的答案。但是张英立场坚定，不管是外人还是亲骨肉，"一视同仁"，就是不透露。

几番进攻，张廷玉见难以取得进展，便从周围寻找答案。他向父亲的朋友包括本地的知县、知府大人，以及有学识的亲戚咨询，他们通通给出一个相同的答案："小子，你不要管大人的事情。"

月光投进深深的院落。张廷玉辗转反侧，不能入眠。面对问题，他从不犹豫、退缩，而是迎难而上，终于，他用一个极不普通的办法找到了那个未知的答案。

张廷玉爬起床，站在院落中仰望星空，然后一个人悄悄来到父亲房门外，庄重地跪下去。天亮了，张英推开房门，撞见跪在地上的张廷玉，吃惊不小。当他得知宝贝儿子跪了一夜后，心疼不已。他上前扶自己的儿子，可张廷玉死活也不起来。

张英道："有什么事情，快说吧！"

张廷玉说："父亲协助皇帝平定了'三藩之乱'，事业蒸蒸日上，却请长假休息，儿不解啊。"

张英笑了，说："我累了，回家休息不可以吗？"

张廷玉说："儿要知道真相。"

张英向四周扫了一遍，轻声说："在平定'三藩'中，我的建议都被皇帝采纳，将士爱听我的话，我在军中有很高的威望……"

张廷玉猛地站了起来，兴奋地说："我知道了，您怕功高盖主啊！"

张英拍了拍儿子的脑袋说："你能悟出这些，将来功名不在我之下啊。"

张英为人确实狠，对自己尤其狠，在事业快达到顶峰之时，谁都迫不及待去攀登最高峰，他却放慢了脚步，开始休息。张英深深懂得“飞鸟尽，良弓藏；狡兔死，走狗烹”的道理。是的，历史上，这样的实例太多，汉高祖刘邦得天下杀韩信，宋太祖赵匡胤有“杯酒释兵权”的故事，明太祖朱元璋也基本上杀光了同他一起打天下的功臣。功高盖主历来都是官场大忌啊！

四年以后，聪明的康熙皇帝让张英官复原职，此时的张英在朝中、军队中再也没有一呼百应的群众基础，这正是皇帝所希望的。也是从此刻开始，康熙皇帝完全信任了张英，让他走向了人生的顶峰，成了大清的“宰相”。

张英，你的好日子还在后面！

因感动而结婚

男大当婚、女大当嫁是自然规律。那年张廷玉十六岁，小伙子也长得英俊帅气，有房有田，确实抢手，按理说到他家说媒之人应络绎不绝，然而结果却让人大跌眼镜，不管张家人如何“左顾右盼”，就是不见媒婆上门。

原因很简单，张家娶媳妇门槛太高，提出了三个标准，缺一不可。一是要门当户对，二是要有文化，三是要颜值高。

在小小的桐城，官宦世家掰着手指头也能数得清，而与张家官级相当的则少之又少。媒婆见好事不易操办，自然知难而退。这年头，买块好肉、买条活鱼不难，但是娶个十全十美的老婆比登天还难。

张廷玉的母亲本以为儿子一定很抢手，可结果却出人意料，好在张母出身书香门第，也有文化，懂得妥协和变通，在婚姻大事和名声面前，她义无反顾地选择了前者，没有比结婚（传宗接代）更重要的事了。

张家的代言人是总管张大伯，他跑了一户又一户媒婆家，把张母的意思传达给了对方。媒婆听到后，露出了堆满皱纹的笑容，仿佛看见那成堆的金银在向自己招手。

就这样，媒婆把条件相当的姑娘都介绍了过来。

张廷玉是务实主义者，为了找一位好媳妇，他早已选中一个特别的媒婆，就是村口的何老太。他相信，只要何老太出马，一定会为自己找到心仪的另一半。

张廷玉之所以相信这位媒婆，是因为她有一种普通媒婆没有的能力，这种能力可以让张廷玉不管在百里还是千里之外，都能看见姑娘的相貌。当时没有望远镜，没有录像机，也没有照相机，何老太有何本事呢？答案是她擅画肖像，而且画得栩栩如生、惟妙惟肖。

何老太走上媒婆这行当前，也有一段难忘的故事。她小时候家境不错，读书、绘画、弹琴样样都会，后来嫁了一位官人，可惜官人英年早逝，何老太为了养家糊口，便干起了封建社会的热门行当——媒婆。因为她擅画肖像，许多帅哥靓女们都争相请她做媒。在做媒过程中，她会免费为姑娘画一幅肖像画，虽然效果远远不如现代人的照片那样逼真，可也着实让人风光一把。

何老太不负张家之托，不出半月，便拿出了三张姑娘的肖像画。张廷玉挑来挑去，认为其中一位姓姚的姑娘正是自己心目中的伴侣。张母见儿子满意，自己自然也很高兴，更何况这位姚姑娘与自己的娘家还有点儿沾亲带故的关系。

大家都满意，但有一个人却不满意，此人就是姚姑娘本人。

当然姚姑娘并不是对这门婚事不满意，而是对何媒婆给自己画的肖像不满意，她认为对方没有画出真实的自己。原来何媒婆来见她时，母亲已经给她化了妆，而且不是淡妆，是浓妆。姚姑娘长得苗条、俊俏，却有一个天生的缺点，就是脸上有一些小小的雀斑。浓妆之下，何媒婆当然看不到雀斑，便将姚姑娘画成了赛过仙子的美女。

订婚消息传开，姚姑娘“惊喜”不已，惊的是“丑”媳妇总归要见公婆（也不是很丑，就是多了些雀斑），喜的是张廷玉有文化，有背景，而且长得一表人才（姚姑娘在庙会中见过张廷玉一面）。别人订婚，开心还来不及，可姚姑娘却整天沉浸在紧张之中。没多久，一个不幸的消息便传来了。

不知何故，张廷玉得知了真相，姚姑娘长着一张雀斑脸，这是张廷玉难以接受的，于是张家提出退婚。在男权主宰的社会，这对姚姑娘来说是个沉重的打击。

姚姑娘虽然痛苦，但她也没有寻死觅活，而是去了尼姑庵。去那里当尼姑吗？当然不会。姚姑娘岂是好欺负的，她轻轻地使了三招，就让张廷玉佩服得五体投地，马上来了个一百八十度的大转弯，提出非她不娶。

第一招是给张廷玉写了一封信。当张廷玉看到姚姑娘娟秀的文字，其书法水平不在自己之下时，便惊叹不已。姚姑娘在信中说，何老太画的肖像如何，她也不知道，她从来没有欺骗过张公子，最多也是误会。姚姑娘说得有理有节，情意真切，张廷玉也是有血有肉之人，认为姚姑娘通情达理，是个少有的好姑娘。

第二招是给张廷玉送了一双布鞋。在那个年头，布鞋相当流行，比现在的皮鞋牛得多，就是皇帝老子也是天天穿布鞋。张廷玉蹲下来试鞋，鞋正合脚，这让张公子惊喜若狂，难道姚姑娘还会算卦，未见过自己就知道自己脚的尺码吗？事实是，姚姑娘看到过张廷玉的身材，而且姚姑娘是奇才，她能通过对方身高判断对方脚的大小。

第三招是张廷玉收到了一束乌黑的秀发，这是姚姑娘的头发。这就是告诉张公子："我活是你家的人，死是你家的鬼。"这么一位有才华的奇女子如此深爱着自己，张廷玉扛不住了，他没有理由拒绝，他在爱情面前彻底缴械投降，成了一名幸福的俘虏。

接下来，张廷玉提着礼物到处寻找姚姑娘。其实也不难找，姚姑娘就在附近的几家尼姑庵里。

此时，姚姑娘正跪在庵堂之上，老尼姑抚摸着对方那缕长及腰际的秀发，举起剪刀正要"咔嚓"一下剪下去时，张廷玉喘着大气出现了。他大喝一声住手，将一位即将步入佛门的姑娘拉了回来。姚姑娘扑倒在张廷玉热腾腾的怀中，失声痛哭。

我相信这种哭泣，绝不是痛苦，而是充满了甜蜜和幸福。这就是刻骨铭心的爱情。

第二章　不简单的考试

角逐主考官

康熙三十五年（1696 年），二十四岁的张廷玉首次参加江南乡试，但未中举。康熙三十八年（1699 年），二十七岁的张廷玉再次应试，终以《春秋》经魁的身份中举。

张廷玉高中举人后，眼看会试即将临近。康熙三十九年（1700 年），张廷玉来到京城，准备迎接自己一生中最大的考试。他对此次会试相当重视，不敢掉以轻心，他知道即便是全省考试的高手，在会试中也可能败北，就算一代文豪也不一定能考中贡士。张廷玉中了举人，他有理由相信，要想出类拔萃，非花大力气钻研学问不可，正所谓一分耕耘，一分收获！

这几年，康熙皇帝运气很好，先后除了鳌拜、平了三藩，整个清朝都在他的掌握之中。世上好似没有人敢于挑战他的权威，然而好似没有，其实还是有的。在朝堂之上，康熙皇帝议定一位会试主考官，准备让其招录天下有才有德之士为朝廷服务，可这个决定却让他颜面尽失，尴尬之极，还差点儿成为被利用的工具。

大阿哥胤禔能说会道，深得康熙皇帝喜欢，他推荐大学士明珠出任会试主考官。

主考官是个令人羡慕的岗位，明珠大人没有感谢他，反而狠狠地瞪了他一眼，心想这个孩子怎么总是长不大，总是一根筋啊。明珠虽然喜欢主考官这个职位，可他现在已经是一人之下、万人之上，树大招风，他怕功高盖主啊！他曾亲眼看见康熙皇帝除掉鳌拜这一血淋淋的现实。明珠于是推荐大学士余国柱或户部尚书佛伦任主考官。明珠暗道：二人都是合适的主考官人选，而且这两个人都是我的心腹，让他们充充门面，作个傀儡主考官，而真正的主考官仍是我。

太子胤礽见大阿哥推荐自己的死党明珠，便跳了出来说："明珠公务太忙，不合适。可以让李光地出任主考官。"李光地是太子的人，他是太子的老师。如果皇帝选了太子的人，皇帝支持太子，朝堂便可能失去平衡。

八阿哥胤禩见这个好机会当然也不会错过，但是精明的他，不会亲自上阵，万一失败也不会太没有面子。他向九弟胤禟使了个眼色。九阿哥胤禟出班，向皇帝行礼说："父皇，阿灵阿办事公道，口碑极好，我建议阿灵阿任主考官。"

朝堂之上，大臣们吵得如一锅粥。

每当遇上难解困局时，他总会向大学士张英投去深情的一瞥，张英就会主动出来解围。此时，他向张英望去，张英却低着头，当作没有看到。大学士张英确确实实没有参与什么党派，康熙皇帝最反感手下的大臣交朋结党，这样的话，皇帝会成为最大的光杆司令。

康熙皇帝高声说道："张爱卿，朕认为你是最佳人选。"

明珠马上说："皇上，张大人之子也要参加这次会试，依照规定，张大人应该回避。"

张英出班了，仅说了一句话，就轻轻解开了那个死结。他说："皇上，微臣若出任此次主考官，便让犬子廷玉回避这次会试。"

会试是三年一期，让儿子再等三年来考，这就是张英张大人的决定。他认为个人、家庭与天下大事相比，都是小儿科，如果能选拔德才兼备的学子充入朝廷，为天下老百姓做实事，那才是做臣子的义务。

康熙皇帝微微一笑，便把握住机会，将会试大考的重任交给了张英。

是金子总会发光

张英回到府上不想见儿子张廷玉，他感觉自己当会试主考官让廷玉回避，亏欠了他。会试三年一期，青春有多少个三年，错过了就错过了。张英在院落中来回走动，不告诉儿子也不行，迟说不如早说，便决定还是把情况告诉他。

张英把张廷玉悄悄地叫进了书房，这里离主房较远，静僻。一般人知道了这个结果，要么大吵大闹，要么黯然神伤而去……然而张廷玉听到这个不幸的消息后，完全出乎众人所料，他苦笑一声，突然跪在张英面前，庄严行礼。

“你不怨恨为父吗？”

“我没有啊，而是感谢，因为我有一位为着天下人的好父亲！”

“难道你不怕三年之后考不上？”

“不怕的，是金子总会发光的。”

举人考试的失利，让张廷玉加倍学习，他的能力已慢慢超过了许多人。能力的提高，让他高瞻远瞩、胸怀大志，以国家兴衰为自己终生奋斗的目标。

朝廷内外都认为张廷玉只能好好学习，三年之后再参加会试了。另外也有一些好官为其扼腕叹息、打抱不平。张家虽然是官宦人家，但是这次会试资格被剥夺，实在不公道。

正当大家替张廷玉扼腕叹息之际，一个人说话了，“张廷玉可以参加会试”。其他人对此也没有反对意见，就这样，张廷玉参加了会试。说这话的不是别人，正是九五之尊的康熙皇帝。康熙皇帝说这话时，加了条件，张廷玉的试卷要送到他老人家那边阅核。康熙皇帝是这样说的，也是这样做的。

张廷玉在会试中如愿高中，取得随后的殿试资格。殿试中，各路学子认真考试。张廷玉一路考下来，相当顺手，他相信自己定能取得好成绩。一甲状元、榜眼、探花不一定有把握，但是二甲一二名应该不成问题。然而想法与现实往往有距离。

张廷玉，有人给你使绊，这个人不是你的敌人，而是你的亲人。

放榜那天，张廷玉差点儿挤破了皮，才看到榜书，他从上往下看，怎么也找不到自己的大名。找啊找，终于在下面找到了自己的大名，居然是三甲第一百五十二名。这次是中得进士了，可以当官了，但这个名次实在是不好意思说出口啊。

取得这个名次，张廷玉不舒服。他猜想是父亲故意所为，这正是官场老手张英的一个英明决策。这个不起眼的名次，不会引起别人嫉妒，也不会有人背地里打黑枪。

康熙皇帝复核张廷玉的试卷时大吃一惊，这是一份几乎完美的答卷，其水平不一定超过状元，但比起榜眼、探花就出色多了。可张英却给儿子一个三甲第一百五十二名，差点儿要名落孙山了。

但是康熙皇帝是个聪明人，他给张廷玉授予翰林院庶吉士。

于是，二十八岁的张廷玉进入翰林院深造，他将在那里度过三年的学习时光。

张廷玉一下子成为康熙皇帝关注的人物，这是张英以退为进策略的结果。有人羡慕张廷玉运气好，遇上英明的康熙皇帝。其实任何运气的背后，都有一个东西作支撑，那就是实力。实力不是你今天想要今天就会有的，要点点滴滴积累而成，正所谓冰冻三尺非一日之寒！

张廷玉，美好的前程在向你招手！

第三章　选择老板

酒肉朋友

张廷玉和父亲张英同时在朝为官，羡煞了一众同僚。父子二人同朝为官，这是何等的荣耀。张廷玉也沉醉在这份甜美的幸福中，但好景不长，不久，父亲张英便给了他一个大大的“惊喜”——辞官回桐城老家。

正当张廷玉不解、惆怅之时，形势却一片大好，许多官员带着厚礼登门入室，张家客人络绎不绝。来访客人都是高官、大员，甚至还有王爷家的总管。这些人如此做是想赌一把，他们相信：有其父，必有其子。张英撂下儿子张廷玉放心地离开了，张廷玉的政治前途将不在其父之下。

这位王爷家的总管就是李总管，他是大阿哥胤禔派来的。李总管请张廷玉去王府喝酒。遇上王爷请喝酒，这是一个人一辈子也不一定会遇上的喜事。很多官员会把王爷的一声招呼或者一个笑容，当成人生中很幸福的一件事，但张廷玉却并没有感到开心，甚至还有一丝不快，因为大阿哥不是太子，只是个王爷，跟着他没有前途。但是喝酒还是要去的，王爷是得罪不起的。

宴席之上，除了大阿哥胤禔，还有一众官员、富商和名流。

大阿哥说：“听说你非常有才气。”

张廷玉站起身说：“多谢王爷夸奖。”

“张大人，你只要听我的话，将来当个尚书不成问题。”

张廷玉立即说：“下官只管做好本职工作，从不奢望飞黄腾达。”

李总管说：“升官发财，自古以来便是读书人追求的目标啊。”

大阿哥也举起酒杯说：“今天本王爷请客！大家大口喝酒，大块吃肉！”

一众官员、富商、名流纷纷起身，表示今后得给他们一次机会，让他们做东。大阿哥胤禔看着众人如此热情豪迈，有意想把表现的机会留给他们。

但是这么多人表示请客，机会给了谁都会让其他人不悦。这让大阿哥为难了，简直比自己请客还要难。

李总管马上给大阿哥解围，说：“我看让张大人请客算了。”

这让张廷玉感到意外，自己没有提出请客，而他们要请，却不给他们机会。李总管给出的理由很简单，这么多人表示请客，让王爷挑选，不是为难王爷吗，而张廷玉是唯一没有表示要请客的，点上他的名字是多么简单啊！

张廷玉本来想吃了这顿立即离开，现在却让他请客，完全令他措手不及。

张廷玉身上带的银子不多，请客要花费自己两三个月的俸禄，但是他请客反而轻松、高兴，不是张家银子多，而是因为从此之后，他不欠大阿哥的人情，一顿饭的人情也没有。其实这是大阿哥的诡计，他见张英黯然离开，就要敲张廷玉一次。大阿哥虽然长得一表人才，却爱占小便宜。

可这区区一小袋银子，便断送了大阿哥的远大前程，因为这个小小的张廷玉，将来会成为大清堂堂正正的宰相。康熙皇帝驾崩之后，正是他组织安排新帝继位，掌控着大清王朝未来的走向。

诚信对每个人都非常重要，有诚信的人才有朋友、帮手、团体，没有诚信的人找不到可靠的伙伴，永远难成气候。

银子开路

回到府里，张廷玉见大堂的八仙桌上放着一包东西，样子像是银子，这让他感觉奇怪。张廷玉将其层层打开后，发现果然是一堆银子。难道这些银子是大阿哥送来的，表面上让张廷玉请客，暗中却由大阿哥自己出钱，如果是这样，大阿哥的智商可谓相当高，但是大阿哥脸蛋帅气，脑袋却傻气，他不会有这分心计的。

那这是谁的银子呢？

正当张廷玉苦苦思索之际，管家小华子进来说：“大人，刚才八阿哥派人送来这包东西，小人不敢做主，还请大人定夺。”

八阿哥胤禩好结交江湖朋友，视金钱如粪土，在朝野口碑极佳。原来他是用银子铺路，怪不得大家都评价八王爷好。

但是八阿哥不是太子，更不是未来的皇帝，收了他的银子，便等于把自己的命运与八阿哥系在一起。历史上，大臣因为得罪了太子，当太子执政后而遭到杀害的例子数不胜数。

银子是好东西，可现在却成了烫手山芋。

张廷玉说：“把银子退回去吧。”

小华子说：“大人，八阿哥的赏银不能退。”

“为什么？”

“退了的话，就说明我们与八阿哥不是一路人，是公开与八阿哥作对。凭大人的实力，想与八阿哥作对，简直是以卵击石。”

“银子是一定要退回的。”

“啊，这个恐怕不行吧？”

“我会让八阿哥心甘情愿接受的。”

“小人想不通。”

“我自有办法。”

当天晚上，张廷玉让小华子带着古瓶，两人匆匆忙忙直奔八王爷的府邸。

八阿哥听说张廷玉来了，猜想是自己的银子起作用了。每次他送银子给大臣，大臣就会赶过来道谢。

八阿哥在大厅会见张廷玉主仆二人。

张廷玉行礼之后说：“王爷，大事不妙！”

“什么事情？”

“王爷赏给下官的银子，被大阿哥家的李管家知道了。”

“杀了他不就得了。”

“可这个李管家已经报告了自家主子，现在杀他已经来不及了，反而会打草惊蛇。”

“啊，那可怎么办？”

“下官有一个办法。”

张廷玉叫小华子把古瓶放在桌面上。他指着古瓶说：“王爷请收下这个古董，下官自有办法。”

“你是让本王用这笔银子买这个古瓶？”

“王爷是聪明人，一说就到点子上了。这样做，不要说大阿哥家的管家知道，就是大阿哥本人知道，传到皇上那边也无妨。”

八阿哥哈哈大笑：“张大人年纪轻轻就懂得政治规则，将来一定出人头地。”

张廷玉虽然是官场新手，但是他的政治智慧比老手还厉害。

可见，真正会做事的高手不是处理一些日常工作，而是能解决各类“疑难杂症”，让自己永远处于不败之地！

投靠大老板

张廷玉从八阿哥府回家后，庆幸自己成功摆脱了八阿哥的收买，但是他很快就感觉到自己如风一样无依无靠：作为一名新官员，必须找到自己的靠山。其实在张廷玉心里，他早有合适人选。这位大哥级人物就是太子胤礽，只要搭上太子这条线，就是替自己未来的政治命运买了保险。当然这只是张廷玉一个人的美好愿望。多年后，太子胤礽被康熙皇帝废黜，张廷玉着实吓出了一身冷汗，真是好悬啊！

而此时的张廷玉决定去拜见太子殿下，凭他的才华以及庶吉士出身，父亲又是前任宰相，加入太子一派是小菜一碟，将来太子执政，自己也可以捞一个重臣。然而事情的发展与他想象的完全相反。

张廷玉坐轿子来到太子府外，请看门的公公通报一声，就说他张廷玉前来拜见。张廷玉想：太子也知道皇兄皇弟们对皇位虎视眈眈，他自己只有不断增强实力，才能在夺嫡之争中处于不败之地。

张廷玉在太子府外转了几圈，想想将来可以在这个地方长驱直入，便开心地大笑。

可这时，看门的公公进去转了一圈回来说："太子正与大臣商议要事，没有时间接见您。"

张廷玉注视着公公的表情。可公公却狡黠地一笑说："张大人，您请回吧。"

小华子见自己的主子见不到太子，没有感到失落反而非常开心，心想主子是不是书看多了，脑袋不好使，明明见不到太子，脸上却如同捡到金元宝一样开心，真是世上罕见。

过了三天，张廷玉又来拜见太子，可是看门的公公进去通报了好久，也未见出来。张廷玉想，这一定是太子在忙，公公不敢禀报。张廷玉站在府门外等候。当然张廷玉还看到了一些小官小吏也在等候。太子嘛，是大清的皇位继承人，当然吃香。张廷玉可以想到的好事，其他官吏也同样会想到的。

天很快黑了下来，张廷玉左右为难，是继续等呢，还是回去呢？如果回家，太子知道后说他缺少诚意怎么办？岂不是错过了一次接近太子的机会？而且这样对太子也不尊敬啊！正在纠结之际，公公出来了。公公说："太子正在处理公务，晚饭不知道什么时候吃，看来没有时间接见诸位大臣了。"

张廷玉面对两次失败的拜见，并不气馁，他认为太子一心为公，说明太子值得自己追随，不要说两次不见，就是二十次不见，也可以理解，以天下为己任比什么都重要。

太子爷，您等着，下次"我"还会来的！

张廷玉是个做事有恒心、决心的人。没过几天，他带着小华子又一次来到太子府门外。公公也认识张廷玉了，便有气无力地说："张大人，又是拜见太子吧？"

“是啊，太子应该在府中吧？”

“在的，咱家就不进去通报了，因为太子比较忙，没空儿接见大臣。”

“当然要通报，张某见太子的决心不会变。”

这次公公很快就出来了，笑眯眯地说：“太子在处理公务，张大人改天再来吧。”

张廷玉回到府里，在院内来回踱步。他想不通啊：王爷们巴结我，却不是我想要的，而我想投靠太子，太子却没空理我。我该怎么办？

小华子见主子愁眉苦脸，却开笑了，说：“大人，您不值得为太子发愁。”

“为什么？”

“太子不值得您付出，太子根本不是在处理国事。”

“啊？那太子在忙什么？”

“太子最近新纳了一个非常美丽的小妾，正与小妾寻欢作乐呢！这样一个只爱女人不爱天下的太子，不一定能当皇帝。”

“你是怎么知道的？”

“是太子的门卫公公说的。”

“他是你什么人？怎么会说这些？”

“门卫公公是我的同乡发小，好友。他悄悄跟我说的。”

这下打乱了张廷玉的远大计划，面对如此不明朗的形势，张廷玉一筹莫展，不知该如何是好？

小华子说：“大人，老爷辞官离开时，有张纸条让我交给您。”

“那你早应该给我了。”

“老爷说了，只有在您有困难时，才让我将纸条交给您。”

张廷玉接过纸条，打开一看，眼前一亮，这些天自己苦苦追寻的答案就在眼前。

张英给儿子指明了前进的方向，如果没有这张纸条，张廷玉或许会与许多人一样误入歧途。

只见纸条上写着张英那遒劲有力的几个大字：你要做皇帝党人。

哎，真是当局者迷。

是啊，张廷玉想，怎么把皇上给忘了，之前自己的所作所为有点儿本末倒置啊。

人在前进中要有清晰的目标、方向，有了目标、方向才会有动力。我们可以有钱，有地位，但这些并不代表你有目标，没有目标往往不能取得令人羡慕的成绩。

最帅气之人

这天，张廷玉坐着马车行驶在回家的路上，突然听见前面马的嘶叫声。张廷玉拉起车帘，只见一匹黑马正向自己的马车冲撞过来，而自己的车夫正指挥着马匹向路边躲闪，然而这是一个严重的错误，因为黑马也正向这边奔驰而来。黑马要转弯已经来不及了，结果一头结结实实地撞在了张廷玉所在的马车上。黑马应声倒地，当场流血而亡。当然马车也被撞翻了，而张廷玉此时还在车内。车夫被吓坏了，若是张大人身亡，自己除了抵上一条小命外，还得家破人亡。

车夫见车厢内没有什么动静，心想：难道张大人真的死了？他翻起车厢，见张廷玉倒在厢底，马上叫“张大人”。

张廷玉醒了，他从车厢里爬出来，脸上被擦伤了。

车夫问：“张大人有什么不舒服的地方吗？”

“我的命还在，没什么。”

张廷玉被重重地摔了一下，所幸没有受重伤，但麻烦的事情马上就要来了。

黑马的主人找到张府，要求张家赔偿。明明是黑马撞了张家的马车，现在却让他们赔偿。小华子与他们说来说去也没说明白。

最终张廷玉对小华子说：“钱财乃身外之物，就赔给对方一匹马吧。”

小华子便与对方沟通，答应赔一匹马。对方却说：“要赔十匹马。”

小华子问：“为何？”

“因为我们这匹马是良驹，以一当十。”

这些人说话凶巴巴的样子，一看就不是好惹的，非要个大价钱。经过调查，果然对方有横行霸道的资本。黑马的主人姓姚，是四阿哥的舅舅，也就是说这匹黑马是国舅爷家的马。

国舅爷这样欺负人，遇上一般的官员，知道胳膊拧不过大腿，只能依着他们，要多少给多少。但是张廷玉的脾气来了，说什么也不答应。

国舅爷的管家天天来张府吵闹，张廷玉便叫小华子去报案。衙役说："我们管老百姓的事情，官员之间的事情管不了。"

那天，国舅爷的管家带着一帮人冲进了张府，吵闹个不停。

国舅爷家的管家说："你们再不赔，就早点儿滚回安徽老家去。"

"你们太不讲道理了。"小华子说。

"我们把四阿哥请来。"

正说着，张府的门人来报："不好了，不好了！"

张廷玉忙问："你慌张什么，出什么事了？"

"四阿哥带人进来了。"

张廷玉一哆嗦，傻眼了，天子脚下当官真的好难，王爷府里出来一个管家都比你厉害。如果四阿哥出面了，张廷玉只得自认倒霉，赔银子事小，往后可还怎么在官场行走？

四阿哥进来了，说："你是张英的儿子张廷玉吧？"

张廷玉行礼之后说："王爷，正是微臣！"

"好小子，有胆量。你父亲张英为人正直公道，我非常敬重他，原来你也是一个正直之人。"

这就是父亲张英给张廷玉留下的政治资本。

张廷玉说："那黑马因我相撞而死，我愿意赔偿。"

"这个本王已经调查清楚，这匹黑马受惊之后，突然冲过来撞了你们，你们才是受害者，不用赔钱。"

"可国舅爷能答应吗？"

"本王已经与国舅爷说明道理，他不答应也得答应。"

四阿哥向国舅爷家的管家瞥了一眼说："还不快滚回去！"

管家非常听话，听罢便连滚带爬地离开了。

当四阿哥转身离去时，张廷玉看着四阿哥帅气的背影，油然而生地喜欢，心想：此人若是当朝太子该多好啊，如果大清由如此出色的皇子带领，必定强盛。

三个条件

秘书，是一个非常重要的角色，而皇帝的秘书，就更是皇帝的心腹和耳目了。秘书的地位和作用至关重要，其前程不可限量，自古至今许多大官都是从秘书起家的。张廷玉也是从秘书干到宰相的。当然，当好秘书也不是容易的，不是任何人都可以的，要想成为一名优秀的秘书必须具备以下三个条件。

首先是忠心。

忠心是一切工作的根本。

忠心就是要对皇帝百分之百地忠诚。一般来说，对皇帝忠诚，就是对国家忠诚，其实两者还是有区别的，国家是集体，皇帝是个体。当然首先是对国家忠心，然后才是对皇帝忠心。因为没有国家，就没有皇帝。效忠皇帝，不得掺假，不得阳奉阴违，不得两面三刀，要跟着皇帝一路向前。

怎么让皇帝认为你是忠心的，那要看你平时的表现。有的人赴汤蹈火在所不辞；有的人表忠心，誓死替皇帝做事；有的人讲究细水长流，靠平时的点点滴滴……不管是哪一种形式，都要表明你不是三心二意的墙头草。

忠心说起来简单，做起来却相当难。许多人在忠孝不能两全的情况下，义无反顾地选择了尽忠。这种牺牲精神值得人们敬仰。

其次是才华。

作为皇帝的秘书必须要有才华，上知天文，下知地理。作为秘书，首先要能看懂各种体裁的文章，不管是奏章，还是诗词歌赋，而且还要会写，能写各式各样的文章，皇帝想到什么，你便能写出什么才行。

当然，作为秘书的你有才是好的，但也要学聪明点儿，不能处处炫

耀自己的才华，否则最终会让大臣嫉妒，让皇帝丢面子。有才华而不懂得隐藏锋芒的人，实际上还未达到具有真才实学的能力。

最后是口才。

你不光要会看、会写，还要会说，也就是能说会道。

如果你具备了以上三个条件，那恭喜你，你可以胜任秘书这一职位。但是要想成为一名超一流的秘书，还缺少一条，也是最重要的一条，那就是你能揣摩出领导的想法，懂得领导在想什么。

皇帝的考察

现在，张廷玉被召入南书房上班，相当于康熙皇帝的秘书。南书房是康熙皇帝日常处理国家大事的办公场所，能在这里上班，是何等的荣耀，那是很多官员一生最大的追求。张廷玉凭借实力进入，但是他还处在试用期，前面有几道关卡在等候，只有安全过关，他才能成为皇上的贴心秘书。

有一天，康熙皇帝处理完公事后，想要活动一下筋骨，可他站起身走了两三步后，突然感觉头晕眼花，身子突然向前倒了下去……此时，康熙皇帝的脑海中闪出两个字——不好。

张廷玉见康熙皇帝要倒下去了，便马上扑了上去。可即便这样，也拦不住了，好在张廷玉年轻力壮，他用力飞身一蹿，整个身体就钻在了康熙皇帝的身下，康熙皇帝倒下去时，正好重重摔在了张廷玉身上，当然没有什么大碍。

紧接着，张廷玉扶皇上起来。康熙皇帝笑着说："你小子，手脚可比你爹利落多了。"

张廷玉说："微臣应该的。"

康熙皇帝说："好好干，朕不会忘记你的。你年轻，前途无限。"

张廷玉赶紧答道："臣愿为陛下肝脑涂地。"

这是对张廷玉的考验，可考验并没有结束，而是刚刚开始。

送走了康熙皇帝，太监跑进来对张廷玉说："我刚才从外面办事回来，感觉皇上不对，是不是发生了什么事情？”

张廷玉愣了片刻说：“没有什么事情啊？”

太监说：“我是皇上的贴身太监，照顾皇上多年。皇上有什么意外事情，都逃不过我的火眼金睛。”

“是啊，我做臣子的就是替皇上服务。”

“你我共同服侍皇上。我想问你，刚才皇上有没有发生什么事情？”

张廷玉为难极了，不说吧，实在不够意思；说了吧，又不知道这名太监葫芦里卖的什么药？

张廷玉正在苦苦思索之际，想到了父亲张英的一句话，正是这句话帮了张廷玉的忙。父亲对他说，皇帝最讨厌手下人交朋结党，他希望手下都是光杆司令，因为皇上就是最大的光杆司令。即使这名太监是皇上的心腹，也绝不能告诉他真相。

于是，张廷玉答道：“皇上很好，没有发生什么事情。”

太监眼里闪过一丝喜悦，他知道张廷玉这次的考验算过关了。如果张廷玉向他透露真相，那么他会毫不犹豫地禀报皇上，张廷玉也会即刻从秘书队伍中消失。

保守秘密是秘书的义务。一位优秀的秘书要管住自己的嘴，不管遇上什么惊心动魄的大事，或是芝麻般的小事，都要懂得守口如瓶。

康熙皇帝对张廷玉挺身而出救自己非常满意，认为张廷玉将来的功名绝不在其父之下。

于是，康熙皇帝把太监传来，问道：“你对张廷玉的考察进展如何？”

太监说：“皇上，奴才认为张廷玉忠义可嘉，但是个榆木脑袋瓜。”

“此话怎讲？”

“皇上，奴才问他救陛下之事，他却三缄其口，忠心可嘉，但是脑袋瓜死板啊。”

康熙皇帝哈哈一笑，说：“好，好啊！”

“皇上，张廷玉灵活性不够啊。”

“朕认为张廷玉的表现比我想象的还要出色。”

“还请皇上明示？”

“朕喜欢张廷玉对朕一个人忠心。”

“陛下说得有道理，奴才明白了。”

“不过，朕还得再考察他一次。”

那天，晴空万里，康熙在南书房商议大事。康熙突然话锋一转，对李光地说：“李爱卿，太子有些嚣张，阿哥之中有没有低调一些的？”

李光地环顾四周，内心非常紧张，不知该如何回答。张廷玉也是第一次遇上这种事情，非常震惊。

等明珠等重臣离开后，李光地跪在皇上面前，张廷玉也跟着跪在地上。李光地说道：“回皇上，臣是外臣，没有资格来评议皇家私事。”

康熙皇帝有点儿生气，说：“你作为朕身边之人，当着大臣的面，不回答朕的问话，把朕放在眼里了吗？”

同时，聪明的康熙皇帝转头问张廷玉：“张爱卿，你对此有何想法啊？”

这对张廷玉来说是道比较难的题目。如果支持皇上的观点，那就是在批评未来的皇帝，如果未来太子执政，后果将不堪想象。但是不支持皇帝的说法，那就难以做皇上的心腹，甚至皇上可能会觉得自己是他的敌人。

怎么办？

张廷玉做出了一个非常正确的答复，内容是六个字：微臣听皇上的。

康熙皇帝本想以张廷玉的才华一定会发表很深刻的观点，哪知答案竟这么简单，但这正是自己所需要的。

好小子，真聪明，考察过关。

康熙走后，李光地拉着张廷玉的手说：“小侄啊，你年纪轻轻，就懂得官场绝学，真是前途不可限量。”

张廷玉说：“还请李大人多多指教。”

“朝堂之上，如履薄冰，只有小心才能驶得万年船。”

“李大人说得好，廷玉记下了。”

第四章　皇帝的秘书

同门师兄

张廷玉的表现令康熙皇帝十分满意。年纪轻轻的张廷玉一下子成为皇帝身边的红人，也成了朝中百官羡慕和嫉妒的对象，但又有什么办法？这是不可改变的事实。

康熙皇帝不管是起草诏书还是商议重大问题，身边总有张廷玉积极参与的身影。张廷玉虽然为官时间短、涉世不深，但是他的字写得漂亮，表达言简意赅，观点创新前卫，深得康熙皇帝的喜欢！

在康熙后期，国家稳定，百姓生活慢慢好转，康熙皇帝把目光锁定在发展经济上，只有管好经济，才能使百姓生活水平提高，才能使社会进步。可怎样才能发展经济？康熙皇帝抓住了一个主要项目，那就是治理大运河。许多人会问：发展经济与治理大运河有因果关系吗？答案是有的。康熙皇帝确实高瞻远瞩，大运河就像如今的国道、省道，是经济社会发展的纽带，支撑着一国经济的命脉。

大运河的河道总督张鹏翮为官很敬业，是百里挑一的好官。可许多人说时间会改变一切，康熙皇帝也相信这句话。一个人以前工作扎实，每年总能出色完成各项工作任务，但这只能说明过去，不能代表现在和将来。那张鹏翮的现在和将来又如何呢？这是康熙皇帝急需知道的答案。

张鹏翮的口碑还是非常不错的，无论是各地上报的奏书，还是朝中

大臣，都称赞张总督尽忠尽职，是一位难得的好官。但是康熙皇帝熟读史书，精通古今，十五岁就斗败当时第一大臣鳌拜，十九岁遇上平西王吴三桂、平南王尚可喜、靖南王耿精忠造反，用了八年时间平定了“三藩之乱”，如此英明神武的皇帝，根本不满足汇报、奏书之类的材料，也不会只看事物的表象。

大运河的治理非常关键，关系着大清王朝的兴衰。康熙皇帝决定亲自去督察，只有自己亲眼所见，亲耳所闻，才能肯定张总督的业绩。

康熙皇帝为什么对自己挑选的张鹏翮不放心了？这并非张鹏翮出了什么问题，而是与康熙皇帝小时候听过的一个故事有关。这个故事是康熙皇帝的祖母讲的，告诉他一个道理，世上不管发生什么事情，你千万别当真，就算是你亲眼所见，也未必是真的。有人会问：“难道亲眼看见的也有假吗？这是否太玄乎？”不是的，当你看完这个影响康熙人生的小故事，你也会支持他的想法。

据说有个儿媳妇手脚不干净，婆婆生病后，由她伺候，顿顿煮馄饨给婆婆吃。这时有人告诉婆婆：“你儿媳妇没这么好心，一定偷吃了馄饨。”婆婆将信将疑，就在窗门口望着儿媳妇送馄饨。有一次，她看见儿媳妇把手伸进碗里，抓起馄饨放进嘴里。婆婆见到媳妇便问：“今天，你有没有偷吃馄饨？”儿媳妇说：“没有啊。”婆婆说：“可我刚才亲眼看见你偷吃馄饨。”儿媳妇愣了一会儿，呵呵一笑，说：“没有啊。”婆婆又问：“我看见你用手从碗里拿馄饨放进嘴里。”儿媳妇说：“不是的，一片树叶落进碗里了，我将叶子拿了出来，想想馄饨的味道一定不错，就舔了舔叶子。”接下来，婆婆数了数馄饨，一共十个，一个也没有少，这时才知道自己错怪了儿媳妇。

眼见的不一定是真的。这个小故事对康熙皇帝的触动比较大，让他此后做事更加谨慎，一步一个脚印。

因此，康熙皇帝心想：你们都说张鹏翮是清官、好官，那我必须去现场看看，他到底是不是如你们所说的那样。

张鹏翮，你准备好了吗？

此时的张鹏翮正站立在船头，得知康熙皇帝要来微服私访，着实吓了一跳。张鹏翮虽然水平很好，能力很强，却有一个致命的弱点，那就是胆子小。他没有贪污腐化，只是以前那次康熙微服私访给他留下了深深的烙印，他差点儿被免职丢了性命，每每想起，心都会像被电击一样。

那是个冬天，康熙皇帝坐着龙舟来巡视，张鹏翮正命令施工人员不分昼夜地赶工期开挖河道，然而却得罪了河道两侧的老百姓，因为老百姓的田地和祖坟有不少都被破坏了。这时有人向朝廷奏了一本，说张鹏翮是庸才，为了施工破坏了老百姓的庄稼和坟地。

张鹏翮捅老百姓的祖坟，康熙皇帝非常生气，大骂了张总督一顿。张鹏翮本来胆子就小，这下被吓得差点儿尿裤子。康熙皇帝何等聪明，知道张鹏翮是一片忠心，但不处罚又说不过去。此时张英圆场说："陛下，大臣贪功不能受辱。"

康熙皇帝感觉张英说得有道理，便命张鹏翮戴罪立功。然而这给张鹏翮留下了后遗症，一听说康熙微服私访，便吓得浑身哆嗦。

当然吓过之后，还得想办法。张鹏翮是进士出身，能够考取进士的人不多，都是聪明人。他知道让康熙皇帝放弃此次巡访比登天还难。皇帝是九五之尊，一言九鼎，是不会轻易改变主意的。

既然不能让康熙皇帝打消这个念头，那就得掌握皇帝的行踪。只有知道行踪，才能更好地侍候皇帝，让皇帝开心和满意。

能够掌握皇帝行踪的人，眼下只有三人，分别是贴身太监、李光地和张廷玉。如果找贴身太监，他把这事告诉康熙皇帝，自己的小命堪忧。李光地虽是皇帝的人，但是此人深不可测，不好打交道。在大清朝，拿了钱财不办事的官员不少，这种人非常狡猾，想让他们帮忙难于登天。

这下，摆在张鹏翮面前的人选就只剩下一个人——张廷玉。张廷玉年轻，好说话，而且他与张廷玉家有非同寻常的渊源。张鹏翮是张英的学生，可以说是张廷玉的师兄，平时两个人关系不错，逢年过节，张鹏翮总去张家拜访。

可张鹏翮这个师兄对张廷玉的了解不够啊，张廷玉现在是皇上身

边的大红人，前程似锦，怎会为了师兄的一点点小事而毁了自己的大好前程？

如果不是这样，张廷玉后来又怎能坐到宰相的位置？然而后来事情的发展，确实让我刮目相看，张廷玉确确实实把康熙皇帝的行踪一五一十地告诉给了张鹏翮。

张廷玉，你犯傻了，你的政治命运将受到严重考验！

泄露行踪

张廷玉随康熙皇帝坐龙舟进入清江浦，此处就是现在的江苏省淮安市，是中国运河之都，也是京杭大运河的枢纽。此时张廷玉收到一份邀请函，是张鹏翮总督派人送来的，邀请他去喝酒。

遇上有人请客喝酒，许多人开心都来不及，张廷玉却没有一丝开心，反而非常恼火：这位张师兄脑子真不好使啊，我陪皇帝出来巡视，根本没有时间出来喝酒。他是怎么当上一方总督的？其实也不是张总督傻，他急于见张廷玉，可又苦于没有更好的点子。

张鹏翮面对小师弟张廷玉的拒绝，没有放弃自己的努力，他想：为了获得皇帝的青睐，最理想的办法就是把张廷玉拿下，让他为己所用。但是张廷玉是皇上的亲信，要拿下他绝非易事。在困难面前，张总督并未退缩和气馁，而是迎难而上，他坚信，这个世界上没有完成不了的事情。

于是，张鹏翮使出了绝招——送礼。这礼不是金银财宝，如果是金银财宝，他相信张廷玉是不敢也不会收的。这份礼物是土特产，不是本地江苏所产，而是来自浙江杭州的土特产。此刻恰逢五月，金煌煌的塘栖枇杷正处于盛产期。当张廷玉收到枇杷时，犹豫片刻，但他还是收下了，这让张总督非常满意，他知道一个道理：拿了人家的东西手软；吃了人家的东西嘴短。张廷玉吃了枇杷，一定会为己所用，然而结果却让他这个总督意想不到。张廷玉收了塘栖枇杷，但是没有自己吃，而是将其献给了康熙皇帝。康熙皇帝知道塘栖枇杷的大名，对塘栖枇杷喜爱有加，可以说念念不忘，每年五月总要尝个鲜。康熙皇帝在江苏吃了又甜又软又香的塘栖枇杷，他夸奖了张廷玉，说小伙子聪明能干，办事周道。

次日早上，张总督亲自找到张廷玉，他们在内屋坐下来。张廷玉说："张大人，这几天向小弟献殷勤，是不是有什么事需要小弟帮忙啊？"

张鹏翮说："正是，有一件事情只有张师弟能帮上忙。"

"那请快说。"

张鹏翮压低声音说："我要知道皇帝的行程安排。"

"皇帝的行程安排是机密，我不能泄露。若此事被皇上知道，你我都要完蛋。"

"可此事只有你能帮忙啊！"

"我不会说的，你死了这条心吧。"

"这事不是为了我。"

"你说什么？"

"这是为了运河两岸的百姓。"

"请你把事情说清楚。"

"运河两岸的百姓天天守在河道边，迎接皇上巡查。如果我知道皇上哪天去哪里巡查，就不用让百姓天天守在河道边了。这种劳民伤财的事情完全可以避免。"

张廷玉注视着自己这个师兄，原来此人心里装着百姓，怪不得百姓和官员都评议他是好官，看来并非徒有虚名。

张廷玉经过深思熟虑后，决定帮这个忙，这样自己才可问心无愧。

后来，康熙皇帝巡视了运河上的几处工程，感觉相当满意，对张鹏翮刮目相看。

然而一个不好的消息传来，太监向康熙皇帝报告，说张总督表现这样好，是因为他知道了陛下的行踪。

康熙问："他怎么知道朕的行程？"

"回皇上，是张廷玉透露给他的。"

康熙皇帝非常吃惊和愤怒，马上传见张廷玉，要追查泄密一事。

来到康熙皇帝身边后，张廷玉立即“扑通”一声跪倒在地，把事情的经过原原本本地说了，然后脖子一伸，等待皇上的严厉惩罚。

“你为什么要帮张鹏翮出卖朕？”

“皇上，下官为皇上着想啊！这样可以让张鹏翮带更多的人来迎接皇上。”

康熙皇帝狠狠瞪了他一眼，站起身，直逼到张廷玉面前。张廷玉见康熙皇帝举起双手，心想这次挨打是逃不过了，说不定还会丢掉小命。让张廷玉做梦也想不到的是，康熙皇帝的手在空中停留片刻后，轻轻地把他拉起来，说：“为了百姓，你做得对。我作为皇上，还不是替天下百姓着想，让他们过得好一些啊！”

之后，这件事在官场传开，张廷玉的知名度大增，大家对张廷玉钦佩极了，说他是一个真正为百姓办事的好官。

皇上、官员是舟，百姓是水，百姓可以载舟，当然也可以覆舟！

母亡被夺情

张廷玉在皇帝身边做了四年秘书，干得四平八稳。康熙皇帝正要提拔他时，突如其来的一件事，几乎让张廷玉离开皇上，离开京城。

这件事情不是张廷玉本人出了问题，也不是皇上故意排遣他，而是一件家事——张廷玉的母亲姚氏去世了，这是康熙四十七年（1708 年）的一个春天。

姚氏虽然是女流之辈，但是在张家地位极高。张英曾说过，他的话，几个儿子可能不听，但姚氏一言九鼎，从来没人敢违背。姚氏秀外慧中，对孩子非常爱护，尤其喜爱张廷玉这个孩子。

在清朝，当官的给去世的父母守孝三年，叫作丁忧。一边是仕途的飞黄腾达，一边是世上挚爱的母亲离世，如何选择对许多人来说都是个非常艰难的事情。多数人以为张廷玉要选择夺情，因为这关系着张廷玉一生的事业。但张廷玉却做出了一个令人意外的决定，他果断向皇上请假要给母亲守孝。当然他清楚地知道三年之后，也许皇上早把他遗忘，皇上身边也早有了新秘书。可为了纪念慈母，张廷玉暗下决心：就是一生平平淡淡、碌碌无为，也无怨无悔。

张廷玉把准备丁忧的奏书写好后，正要奏明皇上。这时，一个人出来劝阻了。此人不是母亲姚氏的仇人，恰恰相反，却是母亲最爱之人、自己的父亲——张英。

张英没有赶来京城，而是写了一封长长的家信，概括出来就是一句话：世上的忠与孝两者从来都不能两全，为父希望你要为国家尽忠，家里的孝尽由你兄弟几人来负责。张廷玉捧着这封书信，潸然泪下，他完全读懂了父亲的一番良苦用心，但是他与母亲的感情太深厚了，不让他回家尽孝，他几乎办不到。

张廷玉从小到大都是父亲眼里的乖孩子，从来不敢公然违背父亲的意思，但是这次他做出了自己的选择，毅然决然地将丁忧奏书呈送了上去。

康熙皇帝遇上官员丁忧，都会放一马的，他深刻地懂得一个道理：一个人若不能对父母尽孝，凭什么指望他对皇上尽忠，对国家尽忠，因此他极看不起那些为了官位主动提出放弃丁忧的官吏。对自己的亲生父母尚且如此，怎么可能对他人、社会、国家好呢？要想这类人变好，除非太阳从西边升起。

张廷玉在将丁忧奏书呈送给皇帝后，就马上收拾行李，这样在收到批准文书后便可以立即赶赴安徽老家。现在什么都准备齐全了，只差东风——批准书，但是左等右等就是不见批准书。张廷玉傻了，他想这不符合康熙皇帝的办事风格啊！他决定亲自去见皇帝提出请求。当他叩见康熙皇帝说明来意后，康熙皇帝给了他一个意想不到的回复——不准你回家守孝。

张廷玉吃惊地问："陛下从来没有不批准守孝的吧？"

"张爱卿，给你一周时间，你去给老母诵经超度吧！"

张廷玉在皇上身边多年，从来没有遇到过这样的难题。皇上给自己一周的时间守孝，可从京城回安徽，即便骑马也要一周时间，怎么可能去诵经超度，是不是皇上说错了？

张廷玉疑惑地注视着皇上，康熙皇帝马上给了一个完整的答复："你去郊外的法华寺给你母亲诵经超度吧！"

法华寺就在京城郊外，到那边也就一两个时辰。张廷玉这才知道皇上说得没错。

面对皇帝的金口玉言，张廷玉只得勉强表示同意。当他迈着沉重的脚步走出紫禁城时，抬头仰望天空，泪水流满了脸颊。皇上的决定让张廷玉万分痛苦，但是他又不得不去接受这个现实。刻骨铭心的痛，就是失去至亲至爱的家人，又不能陪伴在身边。

康熙皇帝之所以这样安排，并不是他老人家离不开张廷玉，而是张英的一封恳求信。张英说，自己有六个儿子，儿子多，就让张廷玉留在京城，为陛下、为朝廷尽忠吧。

康熙皇帝听听也有道理，一是张英儿子多，尽孝的人多；二是张英是宠卿，他的薄面还是要给的。

张廷玉这个尽孝的机会就这样被无情地剥夺了，剥夺之人正是他自己敬重的父亲、母亲深爱的夫君！

为父丁忧

从法华寺为母亲诵经回来，张廷玉沉浸在深深的悲伤之中。每天上朝，他总是恍恍惚惚，眼前时常出现母亲那慈祥的面孔。同僚们能理解，康熙皇帝也能体谅，母亲去世，遇上谁都一样悲痛，如果这个儿子整天嘻嘻哈哈，大口喝酒、大块吃肉，必定会被大家指着脊梁骨痛骂！

张廷玉正在悲痛欲绝之中，另一个非常不幸的消息传来：父亲张英病重。原来自从老夫人去世后，张英整个人都快垮掉了，虽然不让二儿子张廷玉返回，自己却整天以泪洗面。在封建社会，女人地位虽然低，只要有钱，多娶几房老婆实属正常，但姚氏完全不同。她除了给张英生了九个孩子外，在张英心目中的地位非常重要，无人可以替代。

张英身体本来不佳，哪里经得起这种打击，不久就病得卧床不起。张廷玉收到来信，内心非常焦急，他要回家探亲，但是这次皇上会批准吗？他为母亲守孝都不批准，探病更不会轻易批准吧。

但是只要有一线希望，张廷玉便不会放弃。他写了一份探病奏书，亲自向康熙皇帝汇报。

康熙皇帝听说张英病重，从龙椅上腾地站了起来。张英张爱卿，是自己忠实的干将，为大清立下汗马功劳，一定得让他好好养病。

康熙皇帝对张廷玉说："张爱卿，你带上御医立即回家，无论如何也要将你父治好。"

张廷玉露出久违的笑容，高声说："微臣遵旨，谢主隆恩。"

这让大臣们很是羡慕嫉妒，同时大家也钦佩皇上。遇上重情重义的好皇帝，大臣们累死苦死也值得啊！

这就是所谓的皇恩浩荡。

随后，张廷玉和御医快马加鞭回到安徽桐城老家。此时，张英已病入膏肓。

张廷玉火急火燎地对御医说："不管用什么方法，一定要治好我父亲的病。"

御医也没说话，只是愣愣地望着张廷玉。

"你说话啊！"张廷玉大声说。

"给张大人吃好点，照顾好点吧。"

"什么意思？"

"张大人的病已回天乏术。"

张廷玉面对残酷的现实，只得听从御医的意见。这就是宿命。此后，张廷玉亲自照顾父亲，时时嘘寒问暖，但是张英在人生的最后时刻，还在替张廷玉着想，分析天下时局，让他坚定不移地做皇帝的人。

张廷玉曾经想与太子交往，成为太子之人，希望成为未来政局的核心人物。但张英告诉他，太子不一定能当上皇帝，因为太子不聪明，而且现在有实权的皇子众多，太子不一定能成功。

后来的情形果然被离京城千里之外的张英言中。

张英望着儿子张廷玉，他知道儿子的水平、能力不在自己之下，智商、情商也比自己高，相信他此后取得的功名一定不在自己之下。

这年（康熙四十七年，1708 年）冬天，张英终于含笑九泉……

张英去世后，张廷玉马上向皇上写了一份守孝奏书，要求丁忧。这次张廷玉也不抱多大希望，当官之人，身家性命都已卖给了皇家。

此时张廷玉得到了一个不妙的消息，朝廷形势严峻。太子气焰嚣张，经常不考虑康熙皇帝的感受。面对这个不争气的儿子，纵使权倾天下的康熙皇帝也无良药可治，只得经常唉声叹气、愁眉苦脸。这是一场“现任皇帝”与“未来皇帝”之间的对抗。可想而知，康熙皇帝一定希望身边能多一个帮手，不会批准他请假的。

但是结果却让张廷玉很是意外，康熙皇帝批准了他的请求，同意他守孝三年。这次康熙皇帝为什么会同意？道理非常明显，首先，张英是大清的功臣，应该享受的待遇，一样不能落下；其次，张英当过太子的老师，皇上不想让与太子胤礽有半点关系的人留在身边，影响自己的决策。

应该属于你的东西，不一定是你的。太子却不明白这个道理！

有人爱把太子比作皇上，那就更错了。太子就是太子，绝不是皇上，其实太子离当上皇上的路还很漫长。

守孝三年，像上天有意安排一样，让张廷玉远离宫廷内斗，保持了一个清白大臣的身份。这次内斗，答案不说，你也会知道的，太子胤礽最终被康熙废黜。

致命的软肋

张英去世后，前来吊丧的官吏、商贾、百姓络绎不绝，但是有一个人却给张廷玉留下了十分深刻的印象，此人就是安徽巡抚刘光美。当他离开，张廷玉将其送至门口时，他说过段时间有事要请教张廷玉。

刘光美是巡抚，从二品，级别比张廷玉高得多，资历老，朋友多，也是张英的学生。他能有什么问题向自己请教呢？

张廷玉不知道何事，当然也没空多想，守孝才是自己眼前的头等大事。

过了十多天，刘光美果然来到张府。张廷玉面对这个师兄，不敢怠慢，亲自在门口迎候。

刘光美直奔主题，说张廷玉是皇上的秘书，知晓皇家的事儿，他问张廷玉应该没错。张廷玉跟随皇上，知道皇上的脾气、性格，但这是朝廷机密，说出去是要丢官丢命的；不说出来吧，就会得罪眼前这位地方大员。张廷玉是何等聪明之人，面对问题，他始终保持着头脑的清醒，把握尺寸到位，皇上的事儿绝对不能泄露半句，就是打死也不泄露，这就是原则。

刘光美巡抚也不简单啊，一步步爬到巡抚的位置，花了多少精力和心血，想糊弄他也比较困难。刘巡抚的优点也是他的缺点，就是爱拍马屁。他最初拜张英为师；张英辞官后，他便跟随了索额图；索额图倒了，他便投在八阿哥胤禩门下。不管主子是生是死，是升是退，光鲜华丽的刘巡抚在官场“涛声依旧”。

张廷玉是绝顶聪明之人，不管刘巡抚怎么追问，他就是装傻，仅说三个字：不知道！

刘巡抚的忍耐是有限的，他决定使出亮锃锃的撒手锏。

“我是八王爷的人，不说出来就是不给八王爷面子。”

“八王爷算什么？”张廷玉轻声说。

“你说八王爷算什么东西？”

张廷玉说：“刘大人不要冤枉我，下官没有说八王爷是东西。”

“那你是说八王爷不是东西？”

“下官没有说啊。”

“不管你有没有说八王爷是不是东西，你都犯了大不敬啊！”

“啊，怎么有这种道理？”

刘巡抚瞅了张廷玉一眼，像捡到一只金元宝一样，开心地扬长而去。

刘巡抚刚走出大门，小华子便对张廷玉说：“大人，你闯祸了！怎么能得罪八王爷呢？”

“这也算得罪啊。”

“遇上刘光美这种小人，他会添油加醋告状，看来我们要倒霉了！”

当天晚上，张廷玉在床上翻来覆去，终于想到一个破解之策。刘光美既然是小人，那他定会贪财，何不送点钱财堵住他的嘴？但是刘光美是一方诸侯，是见过大世面的，一般的礼物是拿不出手的。

张廷玉思前想后，家里确实有一件宝贝，可以让刘光美见了眼馋，

拿了手软，这就是镇宅之宝——千年野参。在张英生病期间，张家曾托人用巨资购得一株千年野参，让张英滋补，但是张英自知大限将至，说自己反正也快死了，吃了也是浪费、糟蹋。

刘光美收到张府的千年野参，非常开心，暗暗赞许自己道：只要耍点儿小聪明，发财的机会还是很多的。

刘光美是只老狐狸，他收下千年野参，却没有打算放过张廷玉，而是变本加厉地提出另一个要求，让张廷玉拜在自己门下，听任他摆布。

张廷玉面对这位收礼不办事的刘巡抚，往地上吐出大口唾沫，狠狠地说："刘光美，你在做白日梦。"当然，张廷玉是在自己家里说的，声音并不高，不要说刘光美不可能听见，就是家里的佣人小华子也没听清楚。如果让他们听见了，这也就不是张廷玉了。

张廷玉满怀政治抱负，要为皇上、国家、天下百姓做事，如果只为一个政治团体做事，这不是真正的张廷玉。但是八阿哥是何许人物，他是皇上的爱子，也是最有实力的皇子，如要动他张廷玉，就如同踩死一只蚂蚁一样简单。

刘光美给出了三天的期限让张廷玉答复。张廷玉情绪低落，感觉自己像风雨飘摇的烟雨楼，随时都可能崩塌。但是张廷玉并不理睬刘巡抚那套，因为他不会违反原则，也不会突破底线，更不惧怕露出狰狞牙齿的疯狗。

就在张廷玉处于人生低谷时，一件意想不到的事情发生了。康熙四十八年（1709 年），上天与安徽百姓开了个大玩笑，一场百年一遇的洪水来袭。然而正是这场令人深恶痛疾的灾难，帮了张廷玉一个大忙，让他从刘光美的魔掌中逃脱。

安徽桐城遭遇大洪水，百姓淹死的淹死，逃难的逃难，一片萧条，民不聊生。在灾区的土地上，从巡抚到知县，面对突如其来的洪灾都慌了手脚。衙府中的银两不能拿来赈灾，那是官员以后要用的，而官员家的银子又是私人财产，更不能动用。"老百姓是生是死，关我什么事"，这是刘巡抚的为官态度，也是许多官员的真实想法。父母官不作为，灾区百姓的死亡人数直线上升。但刘巡抚是能人，有办法啊，他要求各府压缩上报死亡人数，减少政治舆论压力，并虚拟了两道捷报，"官员、百姓齐心合力共渡难关，创建美好家园"，以此给自己加分，争功劳。

当然也有例外，丁忧中的官员张廷玉带头向百姓捐钱捐物。张廷玉毕竟是京官，他以身作则振臂一呼，前来赈灾的官吏、商贾、地主也渐渐多了起来。百姓们对张廷玉感恩戴德，大喊张廷玉为青天，有的人还把他的事迹写成了材料向朝廷汇报。

现在发生的，似乎一切都不是问题，都在刘巡抚的赈灾计划之中，但是计划赶不上变化。突然，朝廷派来个钦差大人，此人就是左都御史富宁安。富宁安是一位务实公道的官员，他抵达安徽后，便直接去灾区走访，很快掌握了第一手资料，马上给康熙皇帝奏报。

康熙皇帝在了解安徽实情后，将刘光美的折子狠狠地扔在大殿之下，骂道："可恶，可恶！"随后，康熙皇帝下旨："刘光美赈灾不力，虚报功劳，连降三级，以儆效尤。"

由此，刘光美臭名远扬，政治生涯黯然失色。昔日的领导、同僚对刘光美失去信任，其中也包括八阿哥胤禩，他非常愤怒地骂道："狗奴才！本王爷差点儿就上了你的当啊！"说完，他迅速将刘光美从自己的团队名单中剔除。

刘光美的美好前程如流星一般，说不见就不见了。一夜之间，他从"家犬"变成了"丧家之犬"！

张廷玉解放了，他摆脱了这条恶犬的纠缠。康熙皇帝对张廷玉这种捐钱捐物的举动大为欣赏，也进一步认清了这个小伙子，此人心里装着国家、百姓。古话说，人为财死，鸟为食亡。但是张廷玉为官并不为钱财，他是难得的清官，也是自己苦苦寻找的好官。

张廷玉丁忧期满后，马上便被调回南书房，继续当皇上的秘书，而且还是贴身秘书。康熙五十一年（1712 年）二月，朝廷又要举行会试。考官，是一个肥得流油的肥缺，大家暗中角力。而康熙皇帝则把张廷玉安排了进去，任为考官，实际是在监督其他考官。

张廷玉，出人头地的好日子在向你招手！

第五章　在太子身边

好运的太子

太子胤礽是含着金钥匙出生的幸运儿，是康熙皇帝的次子。此人运气好得离谱，在他不会吃不会穿、连亲生父母亲的称呼都叫不准时，便被指定为大清的皇位继承人——太子。这一年是康熙十四年（1675年），那年他刚满一岁。

本来胤礽是没有资格坐上太子宝座的，因为大清的皇位继承人是由贵族会议商议推定的。而大家怎么会去推荐一个吃喝拉撒还都不会的婴儿当太子呢？谁知道他将来会怎么样？怎么能放心把未来的天下交给一个不了解之人呢？然而这个“优良传统”被一个人破坏了，此人就是孝庄皇太后。她用个人决定的方式让儿子福临继位，是为顺治皇帝。顺治皇帝感觉这种继承法实惠，自己让谁当太子谁就是太子，省得争来夺去……为减少家族内部矛盾，后来到康熙皇帝亲政后，他继承了其父的作风——自己挑选太子，而且还选中了一个一岁的孩子。

胤礽当太子也并非天上掉馅饼那般幸运，而是有四大深层次原因的。首先，他是嫡长子，是赫舍里氏皇后的儿子。其次，是当时严峻的形势所需要的。当时以吴三桂为首的“三藩”造反，占领了大半个中国，早立太子可以稳定军心和民心。再次，智擒鳌拜中，赫舍里氏家族功劳大，特别是赫舍里氏皇后的祖父索尼，这是对他们家族的认可。最后，是康熙皇帝本人对赫舍里氏的怀念。赫舍里氏生下胤礽不久便病死了。康熙皇帝非常喜欢自己这个老婆，立其子为太子也是对爱妻深切的怀念。

康熙皇帝指定胤礽为太子，足以说明他对这个孩子的喜爱。康熙皇帝为了培养这个皇位继承人，把天下最有实力的大臣派去给胤礽当老师。他相信有这些能人异士相助，太子一定会出类拔萃，成为一代明君。康熙皇帝派遣的大臣中，有文渊阁大学士李光地、文华殿大学士张英等，这些人都是太子的老师。

太子胤礽天资聪颖，五岁就系统接受了儒家传统思想，七岁就通晓两种文字——满文和汉文，会背诵四书五经，同时也习武，会骑马射箭，行军布阵，这让太子有了“崇文宣武”的治国理念。

在名师的指导下，太子胤礽读书相当用心。他遵照康熙皇帝的要求“书必背足一百二十遍”，背了《礼记》一百二十遍。老师汤斌在旁边听他背诵，并做记录，发现无一错点，不禁惊奇不已。

太子胤礽成人后相貌堂堂、身材魁梧、举止大方、仪表不凡。此后，康熙皇帝在亲征噶尔丹时，命时年二十二岁的太子留守京城，这也是对太子的信任和历练。

太子胤礽成了众皇子羡慕嫉妒的对象，但身在福中的胤礽并不知福，他不满足现在的地位、权力，正是这些原因，将使他遭遇人生的第一次挫败！

一废太子

太子胤礽虽然相貌好、学识好，却有一样不好，那就是脾气不好。性格非常关键，决定人的命运。太子胤礽脾气极差，对臣子、手下态度极恶劣，不是谩骂就是殴打。

康熙皇帝得知太子胤礽的情况后，后悔不已，他知道自己注重了学识教育，少了思想道德教育。补课已经来不及了，但康熙皇帝还是提出补课，即使死马也要当活马来医，他马上聘请张英任太子思想课的辅导老师。然而自从张英当老师后，太子胤礽思想觉悟不但没有转变，反

而越来越离谱。难道是张英的能力有问题吗？当然不是。张英是官场老手，深谙与上级的关系，而且这个学生非常不简单啊，他是未来的皇帝，多少人抢着巴结还都来不及，他怎么会严厉批评？当然张英对太子的批评教育也是有的，不过却很含蓄。张英这种隔靴搔痒似的劝告、教育，太子哪里听得进去。太子心想：老家伙再啰唆，等老子坐上皇位，有你好果子吃！

张英虽然贵为宰相，但在与未来皇帝交锋后，也失去了往日的雄心，蔫头耷脑地侍候、听命，根本不像一位威严的老师。聪明的张英虽然丢了面子，却感觉自己没有丢失什么。太子与当今圣上一样重要，只能讨好，不能得罪。其实康熙皇帝希望张英完成这个艰巨的任务也不现实，张英只是一个汉臣，怎么能管得了太子？再说即使是康熙皇帝自己，普天之下的主宰者，虽能治理国家，也未必能管好自己的儿子。

太子胤礽从悖逆、对抗，走到变坏，这是一个质变的过程。张英作为太子的老师，要承担全部责任就冤枉他了。张英有放纵不管的嫌疑，当然即便让他管，他也管不了啊！

太子胤礽的“变坏”，概括起来有以下几方面的原因：

首先是贪婪。

太子胤礽大把大把地使用大内的银子还不满意，还将手伸向地方官员，只要有人送礼，他就敢收，不送，他也有办法解决，就是索要。有一次，他还把外国使臣的贡品挪为己用。

其次是越权。

太子胤礽经常在皇上面前辱骂大臣，很不给康熙皇帝面子，甚至连皇上交办的差事也会修改或打折扣。这就犯了大忌。

最后是不孝。

有一次，康熙皇帝病了，太子胤礽不但没去请安、慰问，反而独自在府内手舞足蹈地开心。

康熙皇帝面对这个宝贝儿子，还是忍住了。他觉得这个儿子长大一点儿后会懂事，然而事与愿违，胤礽越大越不懂事，越大越不收敛，做的事情常常让康熙皇帝失望。康熙皇帝曾经多次想废掉太子胤礽，但是有一个人却帮了胤礽的大忙，此人就是过世的赫舍里氏皇后。康熙皇帝与她的感情很深，看在皇后的面子上，他也下不了手。

这给太子胤礽一种错觉，还以为父皇怕他。历史上，三十多岁、四十多岁就驾崩的皇帝比比皆是，而康熙皇帝现在都五十多岁了，却还精力旺盛，胤礽心想不知道自己猴年马月才能接班。胤礽不仅没能领悟父皇的一片苦心，反而变本加厉，越走越远。

这时，有一件非常意外的事情发生了。有人汇报，夜幕降临后，太子胤礽经常逼近康熙皇帝所在的行营大帐，在外面探头探脑，向里偷看。康熙皇帝知道后不信，当他亲自查看时，竟看见自己的宝贝儿子如小偷一样在偷看自己。

康熙皇帝一打听，才知道这是胤礽盼望自己早点儿归西，这样他才可以坐上高高在上的皇位。康熙皇帝老泪纵横，天下竟有如此不孝之子，之后果断出手，将太子废掉了。

不孝之子从来不会有好下场的，即使是皇子，也不例外！

秘密任务

张廷玉回到京城后，恢复了在南书房的职责，继续替康熙皇帝当秘书。康熙皇帝对张廷玉非常信任，重要事情总交给他来办，包括替自己拟旨，由此可见张廷玉在康熙皇帝心目中的地位和作用。

张廷玉博古通今，在文学、书法上也有一定造诣。他文笔严整、语言流畅、句句押韵、字体优美，他撰写的圣旨深受康熙皇帝喜爱，朝中大臣也自愧不如，众人一致认为张廷玉前程似锦。

然而花无百日红，张廷玉即将遭遇挫折，因为康熙皇帝要对他动手了。

那天，康熙皇帝上完朝，大家正准备退去。突然，康熙皇帝指着张廷玉大声说："张廷玉，你现在脑子里想什么呢？"

张廷玉愣住了，像一个傻小子似的站在朝堂中央。许多大臣幸灾乐祸地等着看好戏：张廷玉是皇上的心腹，让皇上大发雷霆，必定是越了

皇上的红线，这回有好果子吃了！

康熙皇帝毕竟是文人，虽然不骂脏话，但他说的每一句话，都像一把锋利的尖刀刺进张廷玉的胸口。

张廷玉听了好久，康熙皇帝虽然严肃批评，却没有指出具体问题，这让张廷玉非常苦恼：你责骂我，羞辱我，总得告诉我做错了什么啊？你得让我心服口服啊！

天下最痛苦的事情是领导批评你，你却还不知道自己的错误是什么。

张廷玉快要崩溃了，自己十年寒窗就这样完蛋了。在朝廷里，落井下石、痛打落水狗一直是某些人的“优良传统”。有不少人跳出来责难张廷玉，有人指他平时如何目中无人，见了大臣不理不睬……也有些大臣喜欢装好人，耍两面三刀，装出非常难过的样子，看着张廷玉直摇着头，一副恨铁不成钢的样子。

正在大家蓄力发动新一轮进攻时，康熙皇帝没给他们机会，公布了张廷玉的过错，说他写圣旨的字迹太潦草，其中还有一个是错别字。这是多么大的过失？是错一个字，又不是错杀一条人命！但康熙皇帝却指出张廷玉有严重的态度问题！

这种错误对张廷玉来说，革职、坐牢的处理是太重了，但也不可能继续在皇上身边当差了。

康熙五十年（1711 年），张廷玉去了一个新的工作岗位，侍候刚被复立的太子胤礽，官职为太子洗马，也就是太子的侍从官，从五品。

一个被废过的太子，在他身边当差，能有什么出息？

但是一个好消息马上传来，那是在一个伸手不见五指的夜晚，太监进入张府，让张廷玉进宫面君。

康熙皇帝向跪拜的张廷玉笑着说：“张爱卿，朕给你一个重要任务。”

“陛下，微臣定誓死效劳。”

“朕派你去太子那边，是因为你是朕身边的人，太子有什么举动，你要及时向朕汇报。”

“臣遵旨！”

自古以来，最激烈的权力斗争便在宫廷之中。张廷玉一不小心，改头换面，开始从事“地下工作”，进入“潜伏”生涯！

再废太子

康熙四十八年（1709 年），太子胤礽被复立。胤礽非常高兴，终于可以东山再起。能让他复立的是一个死人，此人就是皇后赫舍里氏，自从废黜太子，康熙皇帝就感觉有点儿不妥，总觉得对不起一个人，那就是自己的皇后赫舍里氏。经过无数次痛苦的挣扎，康熙皇帝决定再给胤礽一次机会，如果他能痛改前非，好好做人，这个天下还是他的。康熙皇帝是个大政治家，当然有手腕，他要考验废除过的太子。经过周密的安排，张廷玉就这样粉墨登场了。

胤礽得知张廷玉过来当侍从官，深感不妙，张廷玉是皇上的亲信，派他过来分明是监视自己。但是一个好消息传来，这次张廷玉是被贬过来的，临别还被皇上骂得狗血淋头，皇上应该对他失去了信任。但是太子胤礽也是聪明人，打算观察一下，核实张廷玉的真实身份。

张廷玉进入太子府，表现得相当老实，不打听的从不打听，不该看的绝对不看，从不发表个人意见，也从没有对太子不敬，这让太子胤礽放心了，认为张廷玉不会是皇上派来的卧底。

不久，太子胤礽的老毛病又犯了，开始飞扬跋扈，骄奢淫逸，但是对张廷玉却相当好，从没把他当侍从者，而是当作老师来敬重。

一般来说，别人对你好，自己应该开心快乐才是，但张廷玉一点儿也不开心，反而非常内疚和自责：“你对我如此仗义、友好，我却是来监督你的。”但这是工作，没有办法！张廷玉每天用眼睛记录太子的一举一动，例如太子见过哪些人，再通过太监把情报传递给皇上。

太子接触的都是朝中实力派人物，比如刑部尚书齐世武、兵部尚书耿额、八旗都统和副都统等人。太子经常请他们过来喝酒品茶聊天，其中步军统领托合齐父子去得最频繁。

这些人见太子这般真诚、友好、热情，把他们当自己人，当然非

常开心。这是千载难逢的机会，太子是未来的皇上，靠着这株大树，就是给自己将来的荣华富贵买了保险，当然这只是他们个人的美好愿望。

张廷玉把这个情报送出去后，吓出了一身冷汗。他预感到太子迟早要出事，但是他不敢也不能劝阻太子。太子难道会被定罪吗？他无非是与大臣喝酒品茶而已。

当然会的。

那天，太子和托合齐等人谈话，张廷玉在旁陪侍。

托合齐说："殿下，我们听您的。"

太子说："我听皇上的。"

一会儿，太子叹了口气，又说道："皇阿玛身体硬朗，本太子也不知道有没有命来接班啊！"

托合齐说："殿下年轻有为，将来管理国家会更加出色的！"

张廷玉在旁边微笑。张廷玉是只老狐狸，人家说什么，他都不会表态，是个官场"老滑头"，谁也抓不住他的把柄。

当天晚上，张廷玉辗转反侧，犹豫要不要把这个情报送出去。如果让皇上知道了，太子一定会被废除，大臣托合齐定遭杀身之祸；但是不汇报，皇上一旦知道了，自己将吃不了兜着走。

半夜时分，太监来找张廷玉，传皇上要见他。当张廷玉见到皇上时，皇上问太子今天见了哪些人？说了什么话？

张廷玉犹豫片刻，太子对自己还算友好，本不该出卖他，但皇上是自己的老板，自己不能隐瞒啊！

康熙皇帝用锐利的目光注视着张廷玉，张廷玉苦笑一声，见隐瞒不过，只得一五一十汇报。皇上说："你还算老实。其实我早已知道太子的情况，无非是考验你而已。"

张廷玉吓了一身冷汗，自他为官之后，自己的身家性命便已卖给朝廷了。自己有许多无奈，不能左右许多事情，甚至包括自己的性命。

康熙五十一年（1712 年），景熙状告步军统领托合齐、刑部尚书齐世武、兵部尚书耿额等人，假借以酒会友之名，与太子胤礽结党营私。

这正合康熙皇帝的心意，马上将步军统领托合齐、刑部尚书齐世武、兵部尚书耿额等人收监审理。这些人当然不会说自己背叛朝廷，但是在动刑之后都交代了，不是串通太子夺权，而是受贿。

以往类似这样的罪名，也就判个充军或者坐牢，但是康熙皇帝露出狰狞的面孔，判决这些人全部秋后处决。理由只有一个，他们是太子党人。

随后，太子胤礽被废。这是胤礽在四年之内，第二次被废黜，这意味着他失去了最后的机会，永远与权力中心挥手告别。

胤礽非常沮丧和失落，但是我认为他应该高兴才对，因为这太便宜他了，以胤礽的性格，即便坐上皇位，也会没几年就把自己折腾完的，注定是个短命皇上。可此后的胤礽，居然活到了五十多岁。

商议主帅

康熙皇帝将太子胤礽废除后，最受益的不是其他皇子，而是张廷玉，因为他立了大功。赏罚分明的康熙皇帝出手很大方，将他连升三级，提拔为刑部左侍郎，从二品。

康熙皇帝打压了太子胤礽一批人，以为自己位子稳当了，可以消停几天了，然而一个不幸的消息传来，西北地区的准噶尔部有人造反，已经占领很多地区了。

西北地区的这些人长得人高马大，孔武有力，善于冲锋打仗，清廷要战胜这些叛军非常困难。

聪明的康熙皇帝决定集思广益。因为一个人的能力是有限的，俗话说，三个臭皮匠顶个诸葛亮。于是，康熙皇帝召开了一次由重要大臣参加的会议，商议派谁挂帅出征。

张廷玉心里有一个合适人选，此人就是智商相当高的十四阿哥胤禵，而且胤禵自幼习武，并熟读兵书，小小年纪已经历过西南、西北多次战役，此人善于用兵，应该说是最理想的人选。

大臣见皇上询问谁挂帅去西北平叛，便像课堂上的小学生一样，纷

纷出班推荐人选。

阿灵阿第一个站出来。他有多重身份，既是四阿哥的姨父，又是十阿哥的舅舅，在朝廷很有威望。他建议由八阿哥胤禩挂帅，还滔滔不绝地阐明自己的立场，说八阿哥能文善武，很会用兵，善于带兵打仗，是一位出色的将军。

其他大臣也出来力推八阿哥，好像没有八阿哥，大清已无人可挂帅一样。

十四阿哥胤禵智商高，而八阿哥胤禩情商高，广结人缘，被称为“八贤王”。看似一次普通的挂帅，实则在争夺未来的太子之位。谁掌握了征西军队，谁就会实力大增，而有实力就有发言权。永乐大帝朱棣就是最成功的例子，他拥有征战的军队，最后便用武力从侄儿那里夺得了权倾天下的皇位。

张廷玉预感到这个八王爷精心设计了一个方案，可他也没有合理的理由反驳，有些话又不能在朝堂上说，比如：八王爷从未带过兵打过仗，不懂用兵的奥妙；八王爷出征，大清可能会遭受一次劫难等。

可尽职的张廷玉仍然站了出来，向皇上跪下叩头说：“微臣推荐一位将军——十四阿哥，由十四阿哥挂帅出征，必定平定叛乱。”

朝堂之上，不少大臣用愤恨的目光盯住他。

康熙皇帝当然知道，自己的这个十四子能征会战，小小年纪就已立下赫赫战功。

康熙皇帝的心房之门被打开，心情非常舒畅，终于有人与自己的想法相同，推荐了最佳人选。然而他却故意问道：“张爱卿，你保举十四阿哥出征，有什么依据？”

张廷玉把事先想好的八个理由一股脑儿倒了出来，比如什么活用兵法、军纪严、打仗不怕死等。

阿灵阿等大臣，见一条小鱼就想来搅浑一池湖水，都认为这几乎不可能，因此他们并不担心，有这么多大臣齐心协力保举八阿哥，一个新上来的从二品，能掀起什么风浪？就是按照一人一票的票数来统计，也能把他压垮。但阿灵阿却忘了此时的游戏规则，这里不是选举，不凭选票，再多的选票也是废票，只有一张票是有效票，那就是皇上的那张票。

康熙皇帝毫无疑义地选择了十四阿哥胤禵挂帅出征。

可见，有决定权的人一个就行，无决定权的人再多也白搭。

平定准噶尔

随后，十四阿哥胤禵为主帅、富宁安将军为先锋的平叛军队出发了。出发前，十四阿哥胤禵知道这次能挂帅是张廷玉帮的忙，决定亲自去张府表示感谢。

见到十四阿哥胤禵来府，张廷玉说："十四爷，你来得正是时候，微臣也有要事托您帮忙。"

胤禵笑了，说："张大人，你的事情就是我的事情。"

"好的，那您务必凯旋，这关系着我的声誉啊！"

胤禵笑了笑，说："我从不敢说大话，但是打仗例外。你尽管放心就是。"

打仗是最难预测的，是力量、智力、胆量的较量，但是对于能够准确掌握打仗内在规律的将军，打胜仗似乎也并不难。

十四阿哥胤禵带领军队日夜赶路，不久进入西北地区。胤禵命众人冒雨前进，不到目的地不得歇息。这下子可苦了一众大兵，打仗本来要拼命，现在还没有打仗，就要被累垮啊。

叛军头领策妄阿拉布坦正在营房畅饮美酒，大将策零敦多布进来汇报，大清十四阿哥已带领军队进入外围。策妄阿拉布坦带领众将前去观察，见真是天公帮忙啊，此时正大雨如注，清军个个都会被浇成落汤鸡。策妄阿拉布坦很自信，清军在下雨天是不会行军的，即便到了城外也要休整三天才能开战。

大将策零敦多布马上向头领献计说："元帅，我们现在马上进攻，清军必败。"

策妄阿拉布坦说："你的建议非常好，但还不够完美。"

大将策零敦多布抬起头，仰望着元帅。

“让清军睡一夜，明天天亮，我们进攻，因为他们连日赶路，伤了元气，休息一夜之后，他们会更累，那时我们进攻必胜。”

策零敦多布点点头，竖起了大拇指。

策妄阿拉布坦有一个习惯，就是半夜挑灯看书。此时，他正在灯下看兵书，突然间厮杀声四起。他跑出营帐外，只见大批清兵举着火把攻来。策妄阿拉布坦面对四周都是杀气腾腾的清军，做出了一个明智的选择——逃跑。因为这位主帅深深懂得一个道理：千军易得，一将难求！

叛军见主帅跑了，便纷纷败逃。

策妄阿拉布坦逃了数十里路，见清军没有追杀过来，回头清点人数，只剩下了一半人马。

策妄阿拉布坦在逃跑的路上，心生一计，只要这个计策得以实施，对大清将是一次沉重的打击！

而十四阿哥胤禵在打败策妄阿拉布坦后，预料到这位叛军头领绝不会善罢甘休，但由于当时情报不易搜集，他也不知道对方下一步要干什么。

十四阿哥胤禵命令军队作好随时战斗的准备。不久，探子来报，说策妄阿拉布坦被吓跑了，他的军队也失踪了。

失踪往往隐藏着危险，这让十四阿哥胤禵非常担心。副将说：“没事，策妄阿拉布坦失踪也正常啊，打不过我们，他不跑才怪。”

十四阿哥胤禵加派人手去打探，不久传来消息：策妄阿拉布坦的军队去了另一安全地区，并在那里伪装成清军沿路烧杀抢掠，还口口声声说是受大清皇帝的命令，这分明是在挑拨地方与中央政权的关系，让地方民众仇恨朝廷。这一招儿可真够歹毒。

在承德避暑山庄，康熙皇帝得到消息——叛军先锋进入地方进行毁灭性破坏，地方百姓愤怒到了极点。康熙皇帝气得大拍桌面：“马上下旨让十四阿哥胤禵不惜一切代价剿灭叛军。”

随后，富宁安将军带兵进入地方，成功包围并击败了策零敦多布的军队。

第六章　深受重用

与五阿哥过招

十四阿哥凯旋后，曾鼎力推荐他的张廷玉有了威望，许多官员向张廷玉靠拢，五阿哥就是其中之一。

五阿哥想把他收为自己阵营之人，但也知道张廷玉是硬骨头。

五阿哥胤祺回到京城，按照官场规矩，当朝大臣都会去拜见他，聊聊家常，套套近乎。朝中大臣差不多都去拜见了五阿哥，但五阿哥却在等一个人，此人就是张廷玉，可是左等右等就是不见张廷玉的踪影。

一个大清朝的奴才，仗着自己皇阿玛的恩宠，居然不把我这位王爷放在眼里。五阿哥想想就火气往上蹿，他跨开大步在院子里走了一圈，却突然哈哈大笑起来……

张廷玉，本王爷有治你的法子了！

之后，五阿哥胤祺直奔张府。此时，张廷玉正在家中吃饭，听见五阿哥来访，知道对方是来兴师问罪的。面对五阿哥，张廷玉该怎么解释呢？

五阿哥说："张大人是朝中重臣，现在南书房的事务都是张大人在操劳，这是能力，更是忠心，皇上心里有数啊。"

"多谢王爷赞赏，微臣尽力而已。"

五阿哥见时机到了，露出狰狞的面容说："李光地大人去世，本王

替皇阿玛来祭奠李大人，你也不来参见，是不是太没规矩了？”

“回王爷，微臣实在是忙啊！南书房规定，当天的折子当天处理，不得拖到明天。”

“张大人的勤奋有目共睹，但你也不能坏了规矩啊。”

见五阿哥紧紧相逼，张廷玉只得拿出圣上的招牌，说道：“王爷，这是圣上的嘱咐，微臣事必躬亲，不承想却怠慢了殿下。”

五阿哥诚心要收下张廷玉，所以必须让他求饶。五阿哥突然说：“难道你不向我表达自己的意愿？”

五阿哥这一招确实厉害，对许多人来说是致命的，遇上张廷玉却不灵了。

张廷玉见对方抽出了尖刀，再不回击就会陷入绝地。张廷玉已是官场高手，略一思索，便说道：“回王爷，微臣感谢皇恩浩荡，对王爷的失礼表示歉意，但是祖上有规矩，圣上外出期间，南书房官员不得与王爷们来往，还请王爷谅解！”

好招，妙招！

五阿哥脸色发红，气得差点要倒地。但五阿哥毕竟是五阿哥，很快便恢复了镇定，笑眯眯上前，低声说：“张大人，辛苦了。你的教诲，本王谨记在心！”

张廷玉目送五阿哥匆匆忙忙地离开，知道自己又得罪了一位王爷！

高处不胜寒

康熙皇帝这一次在承德避暑的时间过长，到十月底才回京。也许他确实太累了，要多休息，也许是对张廷玉相当信任。

张廷玉得知康熙皇帝要回来，他带领文武百官来到京外的古北口迎驾。这天阳光灿烂，微风轻拂。康熙皇帝远远望见大臣们，开心地向他们招手致意。张廷玉等大臣严肃地站立，齐刷刷地行注目礼。

当康熙皇帝的马车靠近时，众大臣跪地俯首，山呼万岁！

此时的康熙皇帝老多了，但是精神状态不错，他责备地说：“你们迎驾离城门太远，这样很辛苦啊！”

大臣们见皇帝如此客气，许多人露出窘态。张廷玉只简单地说了一句话，便替众位大臣解了围。

张廷玉说道：“皇上，臣等只是日夜盼着您回朝。”

这句很坦诚的话，既不献媚，也不邀功。康熙皇帝一听，自然开心地哈哈大笑。

大臣们望了张廷玉一眼，这个年轻人，平时一心扑在工作上，想不到拍马屁的功夫比做工作还强，要么不拍，一拍就惊人。

来到南书房，张廷玉向康熙皇帝汇报了近期的重要工作。康熙皇帝频频点头，对他的工作进行了表扬。

张廷玉汇报完工作，康熙皇帝便与他谈家庭、生活方面的琐事，聊着聊着康熙皇帝哈欠连连，毕竟年龄大了，容易犯困。见此，张廷玉自然要告退。

张廷玉目送康熙皇帝去了养心殿。此时有一个人恰好经过，他目睹此情此景，感慨之下问张廷玉道：“张大人，当今朝中，谁是皇上的重臣？”

此人不是官员，也不是中国人，却在皇宫中行走自如，他叫郎世宁，是意大利人，是一位宫廷画师。

张廷玉问道：“当朝大臣很多，但是称得上重臣的还没有吧。”

“不见得，我认为有一个人可以称得上重臣。”

“那是谁啊？”

“就是你张廷玉张大人啊！”

这是褒奖之言，但是张廷玉听到此话，却没有开心，反而脸色发白，冷汗直流。张廷玉如此紧张，也绝不是空穴来风。

因为康熙一朝所谓的重臣不少，但是六成以上的都没有好下场。比如头号重臣鳌拜，被康熙皇帝设计抓住后杀了。重臣索额图是孝诚仁皇后的叔叔，可以说是皇亲国戚，康熙皇帝若是杀了他，传出去实在不好听，但是康熙皇帝有办法，不打他，不骂他，就是不送食物，最终将他活活饿死了。

树大招风，一旦成为重臣，便会成为众矢之的，虽然皇上托给你大事，但是对你暗中提防，甚至派人监视你，发现你图谋不轨，便立即处置。

谁都想当重臣，但是谁又都害怕成为重臣。人就是这样，往往自相矛盾！

画家郎世宁想不通啊，明明是重臣，但是张大人却如此紧张。

郎世宁，你还是慢慢学吧，官场这门课够你学一辈子的！

建功立业

此时的张廷玉在朝中已是重臣，但是他知道康熙皇帝的年纪大了，身体又不好，随时可能归天。若新皇执政，自己还能如此受器重吗？这是张廷玉苦苦思索的。他除了替皇上撰写圣旨、票拟意见之外，从没有当过地方官，也没有带兵打过仗。他很想捞点儿资本，但是太平盛世，你想建功立业也没机会啊。

张廷玉运气非常好，立功的机会马上就来了。康熙五十九年（1720年），山东出了乱子，一位名叫王美公的盐商聚众劫夺盐店富户。自古山东就多响马（即盗贼、马贼）。王美公率众声势浩大地闹事，这下可把山东巡抚李树德吓坏了，他不敢出门，一天一道八百里加急的快报向朝廷汇报。

山东有民众造反的消息传来，在朝大臣心慌意乱。平日里他们对天文地理无所不知，但是遇上打仗要丢脑袋的事情，却装聋作哑。

“怎么剿匪啊？”康熙皇帝问道。

朝堂之下一片寂静……

突然，张廷玉出班行礼，高声道：“微臣愿往。”张廷玉以前曾官居兵部左侍郎，遇上外敌入侵时，都是让年羹尧、大阿哥等人承包了。因为张廷玉是文弱书生，带兵打仗从来也轮不到他。

康熙皇帝向下扫了一眼，严肃地说：“朕准奏。”

康熙皇帝也知道张廷玉的心意，除了替国家办事，他也想捞点儿政治资本。

下朝后，张廷玉抓紧准备，打算收拾停当便挂帅出征。可没过几天，他这个崇高的意愿便落空了。不是皇上改变主意了，也不是张廷玉生病了，而是这帮蠢贼被地方官兵“包了饺子”，被个个生擒活捉。蠢贼抓住了，张廷玉也不用带兵将他们捉拿归案了。

张廷玉实在很想去，但是蠢贼已被抓住，没有必要再去剿匪。康熙皇帝看穿了张廷玉的心思，心道：既然你想去，那我便派你去吧！

可张廷玉还有什么任务要去执行呢？

康熙皇帝说道：“蠢贼既然被抓住了，那张爱卿就带人去严审这帮蠢贼吧。”

康熙皇帝考虑到张廷玉文治经验较少，便对张廷玉进行了关照，给他配了两位得力助手：一位是内阁学士登德，另一位是都统陶赖。有这一文一武给张廷玉当帮手，没有什么办不了的事情。张廷玉顿时热泪盈眶，向康熙皇帝三拜九叩。

张廷玉与登德都是文官，两个人平日里关系融洽。都统陶赖是武将，张廷玉曾与他一起骑马、喝酒。陶赖对这位领导很是尊重，张廷玉说什么，他都会不折不扣地去完成。

张廷玉等人到达济南，山东巡抚李树德亲自迎接，并设宴盛情招待。吃好之后，巡抚李树德建议众人去望春楼听歌。登德喜好这口，表示同意，但张廷玉却要马上提审犯人。

审理结果：这帮蠢贼抢劫盐店，无非企图垄断盐市，根本不会去造反。张廷玉给出了一个清晰的结论：这帮人没有造反的苗头，只是一般的抢劫。

陶赖百分百赞成张廷玉的结论。登德没能去望春楼听歌，一肚子的火都发在了山东巡抚李树德头上，他大声说：“既然如此容易搞定，是一群蠢贼，那你作为堂堂的山东巡抚，竟被吓得发八百里加急的公文，有必要这样小题大做吗？”

巡抚李树德被吓得诚惶诚恐，瘫坐在椅子上，不知如何是好。但是巡抚也是聪明人，马上想起张廷玉，他用求救的眼神望向张廷玉。

张廷玉说："登德兄，我们将主犯处以极刑，从犯五十余人皆发配边疆即可。"

登德也是聪明人，见张廷玉故意岔开话题，也就见好就收，严肃地说："微臣听从张大人的意见。"

处置完山东诸事，张廷玉一众便回到了京城。这一下，张廷玉之举收到了两种完全相反的意见：山东百姓联名上书，感谢朝廷公平公正办案；可也有一些官员向皇上告御状，说张廷玉的处置太轻了，重犯从犯通通该杀掉才对。

这些官员是打错了算盘，张廷玉是什么智商，与康熙皇帝又是什么关系？张廷玉早向皇上汇报了此事的处理结果，提倡施仁政，厚德爱民，如此结案主要是替皇上行善积德以图延年益寿。康熙皇帝信佛，也非常相信这一套。

第七章　相煎何太急

康熙驾崩

康熙六十一年（1722 年）冬，康熙皇帝的胃病又一次发作了。一般来说，胃病不难治。民间有云：十人九胃。这说明胃病相当普遍。康熙皇帝以前经常犯胃病，吃点儿中药调理，过段时间就会痊愈，但是这次完全不同，中药吃了又吃，身体调理了又调理，但还是没有丝毫效果。

大臣们相当担心，他们并不仅仅是关心康熙皇帝的生死，因为皇帝是生是死，那是皇帝个人的事情，他们更关心的是康熙皇帝归天后，新皇帝由谁来当？如果来一位与自己有密切关系的皇子，以后必定前程似锦；如果来一位与自己毫无关系或者关系不好的皇子，不要说自己能不能当官，说不定哪一天小命就会丢了。

康熙皇帝身无大恙之时，大臣们曾提出重立太子之事，却被康熙皇帝狠狠压了下来。现在康熙皇帝生病了，机灵的大臣都不会提这档子事，因为这犯了大忌：朕还没断气呢，你们就要立太子，是不是巴不得让朕早点归西啊！

但有一个人从不担心是否立太子，此人就是张廷玉。张廷玉认为康熙皇帝立不立太子不重要，因为即便他不立太子，众位大臣也会选择德才兼备的人即位，也许还不比康熙皇帝的眼光差，当然这个想法只能悄悄地埋在心底。

自从康熙皇帝生病后，他便住在风景优美的畅春园养病。御医们轮番上阵，望闻问切一番，然后便出现这样的恶性循环：看病、拿药、吃药，可病还是老样子。

康熙皇帝的病越来越重。此时最为焦急的身边人，就是贴身太监。他对张廷玉说，一定要把康熙爷医好。

张廷玉说："是啊，公公有什么好办法？"

"有的。"

"公公快说！"

"咱家从外面打听到有一位高深的道士，人称叶道士，传说此人武功厉害，还能治百病。如果让他过来诊断，皇上不日就会痊愈。"

不久，叶道士被请来了，七十来岁，仙风道骨。他给康熙皇帝把脉后，轻轻地说了一声——皇帝难救。

"道长请一定要救皇上啊！"太监说。

"贫道会的。"

张廷玉问："怎么个救法？"

"贫道这里有七颗丹药，每天一颗，连续吃七天，如果皇上能挺过这七天，这次凶险便可度过。如果过不了这七天，也是天命难违啊！"

张廷玉见康熙皇帝一天天地消瘦下去，卧在床上已经动不了了，心里当然不好受，但是又有什么更好的办法呢？

在康熙皇帝吃了六天丹药后，叶道长提出要回华山一趟。太监不同意，让他在治好皇帝的病后方可返回。而张廷玉清楚此事不能强求，便说："就让叶道长回山里吧！也许他回去想出办法，可医治皇帝。"

不管是官员，还是普通老百姓，都相信叶道士的话。大家都认为康熙皇帝度过这小小的七天不成问题。果然到了第七天，康熙皇帝有了精神，话也特别多。许多人松了一口气，以为康熙皇帝的病情基本恢复了。其实这不是恢复，而是回光返照。当天晚上，康熙皇帝的病情进一步加剧！这是天意，天命难违啊！

康熙六十一年十一月十三日（1722 年 12 月 20 日），康熙皇帝走到了人生的终点。他微微叹了口气，便离开了这个世界。

康熙皇帝辉煌了一辈子，最终还是撒手人寰！其在位六十一年，是中国历史上英明的君主。

新皇即位

民间传说，康熙皇帝临死前留下遗诏“传位十四阿哥”，后来被张廷玉等一干大臣改为“传位于四阿哥”，这只是杜撰。况且，皇帝让谁即位，传个圣旨就行了，没有必要搞得如此复杂，万一遗诏执行不了怎么办？以康熙皇帝的智慧，是不会写遗诏的。另外，十四皇子胤禵虽然会行军打仗，但是管理天下是文治，而且张廷玉与十四皇子关系较好，如果让十四皇子继位，起草之人是张廷玉，他必定不会擅自修改遗诏。

康熙皇帝传位的遗诏确实是由张廷玉起草的，从笔迹上来看，没有任何修改的痕迹。康熙皇帝病入膏肓之时，召见皇子及步兵统领隆科多，宣布遗诏，由四阿哥胤禛继承皇位，之后不久便驾崩。

未受封赏

以前大家都看好八阿哥、十四阿哥，认为他们会成为皇帝，可这戏剧性的变化让当时的政治预测家大跌眼镜，也给他们上了一堂生动的哲学课，凡事皆有可能。

即位后的四阿哥雍亲王胤禛，即雍正皇帝，打出一副孝子牌，连续几天在乾清宫哭泣，好像没有了康熙皇帝，他的日子一天也过不下去，非要把康熙皇帝从鬼门关拉回来不可。雍正皇帝虽然讲究一个“孝”字，但他工作思路清晰，朝中大小事务，全由他一律口授，并由张廷玉起草下诏。这下可忙坏了张廷玉，有时一天要来回跑上几十趟。但是张廷玉年轻、精力充沛，将工作做得有条不紊，深得雍正皇帝的赞赏。

赞赏归赞赏，但是论到奖赏之时，却与张廷玉无关。张廷玉还是老样子，继续当他的秘书。

那天，雍正皇帝任命四位大臣为总理内阁，掌管天下的行政权。这

四位大臣分别是八阿哥允禩（胤禛即位后，为避皇帝名讳，众兄弟改名，将名字中的“胤”改为“允”）、十三阿哥允祥、步军统领隆科多和大学士马齐。

张廷玉对这次任命，先是一愣，然而细细一分析，便会心地笑了。他深知雍正皇帝的良苦用心。

那天，张廷玉回府后，小华子一脸的不悦。张廷玉主动问：“出什么事了？”

小华子说：“小的为老爷打抱不平啊！老爷为大清立下显赫功劳，却不受奖赏，而那些寸功未立，而且与雍正有意见之人，却受到重用。”

张廷玉故意说：“隆科多、十三阿哥是非常有能力的大臣，任内阁大臣当之无愧啊。”

“八阿哥平时与四阿哥明枪暗箭，却当了内阁首席大臣。还有八阿哥的跟屁虫马齐，也当上了内阁大臣。这半壁江山已经归入八爷一党……”

张廷玉却笑着望着小华子，让小华子大惑不解。

小华子急步上前，大声说：“这样搞下去，朝廷迟早要出事啊！”

张廷玉轻轻地说：“你不懂，这正是皇上的高明之处。”

“怎么个高明法？大权给了八阿哥，自己省力省心吗？”

“皇上让八阿哥负责内阁，是为了稳住江山。十四阿哥等其他王爷对皇位虎视眈眈，四阿哥与八阿哥联手执政，下面谁也不敢轻举妄动。”

“那马齐是八阿哥阵营的人，他怎么可以进内阁呢？”

张廷玉听后，嘿嘿一笑。

小华子不解地问道：“为什么呀？”

“马齐是八阿哥的心腹。他进入内阁，也是皇上的一着妙棋啊！”

“不会吧，怎么个妙法？”

“就是分化瓦解八阿哥的团队。”

小华子顿悟，一拍大腿说：“高，这招儿实在是高啊！”

张廷玉虽然不要也不抢功劳，但雍正皇帝并未忘记他。一份姗姗来迟的奖赏依旧让张廷玉激动、感动。不久，他被任命为礼部尚书，官阶正一品。

张廷玉，你的好日子才刚刚开始！

对付十四阿哥

雍正皇帝坐上高高的皇位后，得到了各位兄弟热烈的祝贺，不管是真心还是假意，自己的皇位确实已经坐上了。其实，雍正皇帝内心极不平静，半夜经常做噩梦，他深知皇兄皇弟对这个皇位垂涎三尺。

这么多兄弟中，让雍正皇帝最不放心的便是自己的十四弟允禵，此人手握数十万军队，驻军西北，而且非常擅长带兵打仗。历史上靠兵变抢皇位的王爷不少，比如明朝的燕王朱棣，他便是从侄儿建文帝朱允炆手中夺得皇位的。雍正皇帝仿佛站在山顶上，十四阿哥则像老虎一样在山下虎视眈眈，这让雍正皇帝怎么能睡安稳呢？

雍正皇帝倒有一次抓住十四阿哥允禵把柄的机会，那是在祭奠康熙皇帝的大礼上。但是如果雍正皇帝在灵堂前发难，一是难以说服、团结其他兄弟；二是如果康熙皇帝在天有灵，也一定会大骂自己不孝。

十四阿哥允禵在京城待了几天，感觉苗头不对，走路时有人跟踪，吃饭、会客时也好像气氛异常。十四阿哥允禵派人一查，原来是大内高手在暗中监视自己。允禵当然明白这是好哥哥雍正皇帝的手下。几天之后，允禵决定离开京城这个是非之地，不然自己迟早要出事。

次日，半夜时分，十四阿哥允禵悄悄地离开京城，当然他还是讲道理的，给雍正皇帝写了一份奏书，说边境有重要军务——据可靠消息，西北地区有一些人在搞串联，意图造反，臣弟得马上返回，将问题消灭在萌芽之中。

雍正皇帝收到奏书，当场表示同意，当然还着力表扬了他敬业、爱国等情操，反正给他多戴了几顶高帽子。这正是雍正皇帝的聪明之处，允禵已经离开京城，你想不同意也不行啊，正乐得做一个顺水人情！

雍正皇帝正为放虎归山这件事犯愁之时，康熙的贴身太监来了，向他说民间流传一个非常坏的消息，说当时康熙皇帝的遗诏是要传位给

十四阿哥的，是被奸人篡改，将“十”改成“于”，才让您登上龙椅的。这确实让雍正皇帝头疼，他虽贵为天子，却无权操控此事。民间太大了，你能堵住多少张嘴？在民间流传中，雍正皇帝看到了一个人的影子，此人就是十四阿哥，遂暗下决心，一定要给十四阿哥允禵点颜色看看。

十三阿哥允祥和张廷玉被雍正皇帝唤来，提出要处置十四阿哥允禵。张廷玉想这是皇室家事，他一个外臣不便插嘴；十三阿哥允祥为人懦弱，不敢去背这个黑锅。

雍正皇帝见两位心腹大臣没有答复，心头不悦，于是高声说道：“你们快说说处置允禵的建议。”

张廷玉见躲不过去，也没办法，这黑锅背就背吧。他说：“回皇上，十四阿哥驻守边境，手中有几十万军队，若处理不当，后果将非常严重。”

“朕要处置他，你说怎么办？”

张廷玉顿感一股无形的压力。他思考片刻，向雍正皇帝跪拜之后说：“微臣与十四阿哥有一面之缘，愿去西北传达圣旨，将十四阿哥传至京城，然后由圣上发落。”

“好，太好了。张爱卿啊，那朕可就辛苦你了。”

为皇上分忧一直是张廷玉的信念。张廷玉坐上马车，千辛万苦抵达西北，向十四阿哥传达圣旨，并请十四阿哥即刻起身回京城，另有重用。西北军队由副将李如柏全权负责。

十四阿哥允禵对圣旨非常不满意，他猜测可能是四哥要对自己下手了。如果下手，他也不怕，手下有几十万军队，在西北当个西北王也好，自由自在。他与张廷玉私交不错，而且受过张廷玉的推荐之恩，张廷玉的面子还是要给的。他好酒好肉地招待张钦差。为了完成这个几乎不可能完成的任务，张廷玉费尽心机，与十四阿哥套近乎。两三天下来，十四阿哥放松了对张廷玉的警惕。

“皇上召本王进京有什么事？”

张廷玉周旋道：“圣上对微臣说过，要重用王爷，才把王爷调回京。”

允禵才不信雍正皇帝这些鬼话。但是张廷玉总是好言相劝，他经不住张廷玉游说，因为张廷玉是值得信任的。

最后，他很认真地问张廷玉："你是本王的好友，本王回去有没有生命之忧啊？"

张廷玉说："不会的，王爷没有反对过圣上，圣上怎么会杀王爷呢？"

允禵想想也对，心道：四哥啊，本王倒要看看你给本王安排个什么职位？

不久，允禵回到京城，可雍正皇帝并没有见他，而是马上把一个非常重要的职位交给他，看守景陵，就是给父皇康熙守陵。

让一个大活人给死人一年四季守陵。允禵知道自己这一生完了，守陵规矩不少：不能近女色、不能吃肉、不能大声喧哗……如果这样，那做人还有什么意思啊？允禵心道：完了，完了！

处置九阿哥

雍正皇帝在顺利处理完头号劲敌十四阿哥允禵后，长长地松了一口气。但是他也知道竞争对手并未被完全消灭，眼下最有实力的竞争对手还属八阿哥胤禩。对付八阿哥要慢慢来，就如温水煮青蛙。目前最好的方法就是从经济上下手，然后击垮他。

雍正皇帝要搞垮八阿哥胤禩，但是下手的对象却是九阿哥允禟，这说明雍正皇帝处理事务非常成熟，眼光准，能力强。九阿哥与八阿哥关系很好，九阿哥也是八阿哥最牢靠的亲信。虽然九阿哥从来没有野心，也没有过人的政治本领，但是他会挣钱啊，是康熙诸子中最有钱的。

九阿哥借权敛财的破事处处都有，随手一抓就是一大把。想当年，康熙皇帝命人抄明珠家族，没收其巨额家产，但其中的很多传世之宝不是进入了内务府，而是进入了九皇子的府邸。康熙也知道这档事，想想财产都进入了皇家，也就没有追究。

九阿哥有了"第一桶金"后，便在京城开了几家高档布庄，许多权贵借着买东西前来搞关系、拍马屁。但是九阿哥总嫌钱来得慢，他想到

了一个异想天开的发财渠道——做无本生意。九阿哥命令太监何玉柱去关东的皇家园林挖人参，然后拿到京城来贩卖，这是康熙皇帝吃的宝贝啊，许多富豪权贵自然非常想吃，抢着买，当然又能显摆。九阿哥凭这种无本生意，挣钱发财也可想而知。

不过，九阿哥还不过瘾，他将生意的利爪伸向各地一线城市。久而久之，九阿哥钱财甲天下，成为钱财的代名词。

当年羹尧需要银子，朝廷一时半会儿还没有这么多库存时，康熙皇帝就把九阿哥传来。九阿哥大手一挥，便迅疾拿出十万两银子，捐献给朝廷。

在夺嫡之战中，八阿哥相中了九阿哥，他知道九弟没有野心，有他来做帮手（相中他的钱财），不怕治不了这个天下。九阿哥只做生意这一行，对搞政治不感兴趣，他认为八阿哥在众位兄弟中最聪明，应该会继承大统，这是他犯的一生中最大的错误，因为继承大统与聪明没有直接关系。

可九阿哥见四阿哥坐上皇位后，才知道自己押错了宝，还好形势不是太坏，八阿哥当了总理事务大臣，自己往后也能继续由八阿哥罩着。

九阿哥虽然不傻，却在错误的道路上继续狂奔。这时，有一个人要对他下手了，此人比罩着他的人的权力更大。此人就是当今圣上——雍正皇帝。正所谓皇上要动手，神仙也救不了，八阿哥只能干跺脚着急。

九阿哥犯事的把柄很多，雍正皇帝不用费什么力，就抓住了帮九阿哥倒买人参生意的两个太监，一个叫李尽忠，一个叫何玉柱。李尽忠所做之事与他的名字之意完全相反，没有半点儿尽忠的意思。还没有被官差拎起来喊打，他就如竹筒倒豆一样，将事情全部交代了。

八阿哥当然去求情，可雍正皇帝抓住了机会，当然不会手软。八阿哥见自己不行，便去会见十三阿哥怡亲王，他知道十三弟与皇上关系好，想借助他的力量劝说。

怡亲王拜见雍正皇帝，说明来意。雍正皇帝说："这事儿，皇弟就别求情了，朕会给九弟一个好的去处。"

怡亲王听后，当然不敢多言。

雍正皇帝让张廷玉拟旨，把李尽忠发往云南边境当苦役，把何玉柱发往新疆当杂役。你们不是喜欢跑吗？那我就给你们发配得远一点儿，永远不用回来了。

“皇上，那九阿哥该如何处置呢？”张廷玉轻声问。

“青海、宁夏、陕西、四川都是锻炼人的地方，去哪里都行。”

“请圣上裁决吧。”张廷玉说。

“让他去陕西，那里有年羹尧在，他毕竟给年羹尧捐过银子，有交情。让年羹尧照顾一下他吧！”

张廷玉知道雍正皇帝是在调侃，便说：“皇上，那就让九阿哥去西宁吧。”

“为什么呢？”

“那边有钱也没有用，因为没有地方花。”

“这个地方不错！”

九阿哥就这样被发往了西宁，名义上是军队需要人，实际则是充军发配。

十三阿哥的噩梦

自从十四阿哥允禵和九阿哥允禟被雍正皇帝处置后，皇宫之内人心惶惶，王爷们都担心雍正皇帝什么时候拿自己开刀。十三阿哥允祥本来与雍正皇帝关系不错，但是这件事情后，允祥却有不祥的预感，雍正皇帝可能要对自己下手了。

允祥虽然文韬武略平平，但是他的预感非常准。雍正皇帝已经对他不满意，随时可能抛弃他。当然大家也知道，允祥之前一直都是四阿哥的人，他与四阿哥关系铁，两人在朝廷上有许多共同的观点和利益。

想当年雍正皇帝曾问过十三阿哥允祥，谁能继承大统？

允祥说：“四哥，你最有希望。”

“为什么？”

“四哥智勇双全，坐上皇位，不仅是大清之幸，更是天下百姓之福。只是……”

“只是什么啊？快快说来！”

“只是四哥疑心重，可能会冤枉一些忠臣。”

雍正皇帝听后面色发红，眼里闪过一丝不快，淡淡地说：“十三弟目光锐利，值得哥哥学习啊！”

不久，允祥决定去叩见雍正皇帝，向皇帝汇报工作之外，探探口风，也可以预测一下自己的未来。但是雍正皇帝却不给这个兄弟机会。

雍正皇帝让太监传话，皇帝身体不适，不见。

连续几天，允祥去敲宫门，太监的态度也相当死板，给出一样的答复：皇帝身体不适，不见。

允祥当然明白这是怎么回事？每天上午皇帝上朝都好好的，下午就生病了，见个自家兄弟就不行了，这不正常啊！

允祥知道事情的发展对自己极不利，他开始思考如何渡过难关。

想来想去，他感觉形势不是太坏，而且能帮上自己这个忙的，普天之下只有一个人，此人就是张廷玉。

张廷玉见允祥王爷上门，知道有重要事情。允祥知道张廷玉十分得宠，对皇帝十分忠心，让他违背皇帝的意图，他绝对不会去做，但是让他站在公开、正义的平台说话，他也一定不会躲避。

当允祥说完自己的担忧后，张廷玉陷入沉思。允祥抬着头，望着张廷玉，等他回话。张廷玉一直没有说话，最后只是点头微笑。

张廷玉确实厉害，万一以后允祥出事了，他张廷玉可是半点儿把柄也没有留下啊。

允祥也是机灵之人，从张廷玉点头微笑之中，他读懂了。正是这次找张廷玉谈话，让张廷玉做好了准备，在一次决定允祥命运的会议中，张廷玉巧妙地应答了雍正皇帝，帮允祥躲过了一劫！

那天，雍正赶走四周的太监、宫女，身边只剩下张廷玉一人。他不温不火地问：“十三阿哥允祥现在有什么情况吗？”

张廷玉一听苗头不对，知道雍正皇帝对十三阿哥不放心了。

张廷玉说："回皇上，自从皇上登基后，十三阿哥爱岗敬业，在群众和大臣中的口碑非常棒。"

"那他为何替九弟求情，是不是与他沆瀣一气？"

"微臣看不像。想当年，皇上还是一个不显山不露水的皇子，十三阿哥就一直跟着您。现在您成为主宰天下的皇上，十三阿哥更不会有二心。"

"道理是这个道理。那他为何替九弟求情啊？"

"这可能是八阿哥托他帮的忙。"

"啊？"

"八阿哥允禩是总理事务大臣，是他的上级，上级派他去做事，他当然不敢违背。"

"那八弟与十三弟会不会联手对付朕？"

"当然不会！他们两个人性格、观念、能力、关系都不同。"

雍正皇帝听后哈哈大笑……

张廷玉帮了十三阿哥的大忙，让他渡过了一个难关。此后，十三阿哥也真正成为雍正皇帝的左膀右臂！

八阿哥落水

八阿哥允禩自从当上总理事务大臣后，威风八面，处在一人之下、万人之上的位置。那天得知皇帝要处置十四弟允禵，他拍手称快，这位十四弟一直是竞争对手，在挂帅的争夺中，自己曾输给过他。直到雍正皇帝要处置九阿哥胤禟，八阿哥才开始担心自己。九阿哥与自己情同手足，一直是自己最得力的支持者，如果他倒下了，不仅自己损失了一员大将，更可以证明雍正皇帝是不讲兄弟情义的，他随时都可能对自己下黑手。

后来，八阿哥胤禩即便使出吃奶的力气来保全九阿哥，也没有效果，看到雍正皇帝是铁了心要拿下这位财富排行第一的九弟。

从这一天开始，八阿哥胤禩才开始担忧起自己的命运和前程，下一

个倒霉鬼会不会是自己啊？这极有可能。因为当皇子时，自己就与四阿哥明争暗斗过。胤禛的性格、为人，他也领教了，比如眼前这两个兄弟便已经出局。

当然，八阿哥经过仔细分析，他认为形势还不是很坏，毕竟自己是总理事务大臣，天下第二号人物，无凭无据的，皇上也拿自己没办法。

从此之后，八阿哥胤禩做事更加慎重，他在朝内的知名度也在不断上升。

八阿哥胤禩做事风格大变，别人请客喝酒，他不去；新官来送礼，他坚决不收。这正是他的聪明之处，新官情况不熟悉，风险大，万一家里出事了，把这事捅出去，就不好收拾了。

太阳一天天升起，八阿哥胤禩一天天平安，如果这样干下去，一切顺利的话，自己的安全将不成问题。

不久发生的一件事使八阿哥允禩困扰，因为在这件事上，雍正皇帝只要稍稍动动小拇指，自己就得下台，下台之后，便永无翻身之时。

其实更准确表达的话，这不是一件事，而是一个日期，就是康熙皇帝满三周年的祭日，也是雍正皇帝守孝满三年之日。这一天，有一个传统习惯，各位大臣要主动请辞，皇上当然要挽留大臣，这不过是一种形式。皇上再有本事，也不可能不用大臣，自己一个人处理天下事务吧。所以，大臣们请辞，心里都有底，只是客气客气而已，明天的太阳还会照常升起，明天的好日子照样不会受到影响。

然而八阿哥胤禩却非常敏感，他从中读懂了一个不妙的信息，如果那天雍正皇帝同意自己辞职，自己不就完了？而从目前形势来分析，雍正皇帝是极有可能这样干的，他想趁机把自己赶下台。

八阿哥胤禩经过多日的苦苦思考，终于想到了一个渡过难关的办法。办法很简单，就是装病，病得爬不起来，你总不能把我抬过来请辞吧。八阿哥胤禩这一招非常妙，完全打乱了雍正皇帝的计划。雍正皇帝本想借此机会把八阿哥赶下台，可现在竟意外得知八阿哥胤禩生病卧床不起。

那天，雍正皇帝见不该来的大臣都来了，该来的大臣却没有来，心想：难道真的没有办法对付八弟吗？突然，他灵机一动，下旨让御医将八阿哥允禩的诊断报告送过来，看看是不是“作弊”？八阿哥对这门功课做得非常到位，滴水不漏。随后，厚厚的一叠报告被送了上来。

御医拿了八阿哥允禩的钱，俗话说，拿人钱财，替人消灾。他们把八阿哥的病情写得很重，让八阿哥重得不能上朝。本来这是帮八阿哥的忙，结果却害了八阿哥。

雍正皇帝看到这份报告，手也抖动了一下，原来八弟有这么多病，怪可怜的，自己不能让他太辛苦，有个三长两短，传出去实在不好听。

于是，雍正皇帝叫张廷玉起草圣旨，让八阿哥提前退休养病。

第八章　两个官员落马

微服私访

雍正皇帝在搞定两位自家兄弟后，感觉还是不满意，他认为要坐稳江山，就必须要消灭所有的反抗势力，他要学父亲康熙皇帝那一套，进行实地调查，掌握民情民意等第一手资料。要掌握第一手资料难啊！作为皇上，不能惊动地方官员，不能威风八面去地方，不然哪个老百姓敢说真话？听不到真话，跑再多的地方，见再多的老百姓，也是无用功啊！

雍正将自己打算微服私访的想法告诉了张廷玉。张廷玉心里是极不赞成的，朝里这么多事情需要你裁决，下面有这么多官员在一线掌握资料，你分明是对下面的官员不信任啊。但是皇上的想法或者决定，张廷玉不想反驳，他只想替皇上更好地服务。

就这样，雍正皇帝带着张廷玉以及两位大内高手，换成商人的衣服，一路往南前行。这是雍正皇帝第一次近距离看到庄稼，看到农夫在田头耕耘。

走着走着，雍正皇帝见前面有一位老汉带着一个十四五岁的少年正在田间干活，便下了马车，走过去与老汉交谈。雍正皇帝与老汉聊得很投机，突然，他单刀直入地问："现在朝廷怎么样？"

老汉一停顿，向四周扫了一眼，低声说道："有一件事情，如果不再管管，以后要出大事。"

"什么事情？"

老汉说道："我要说的是一个大人物。"

雍正皇帝追问："此人是谁？"

"这……"

"快说！"

"年羹尧，年大人！"

"他怎么了？"

"年羹尧作为封疆大吏，非常嚣张，自封为王，已经把朝廷和皇上都不放在眼里了。"

张廷玉也听说过年羹尧的糗事，但是年羹尧是圣上一手栽培起来的将军，如果没有真凭实据，他也不会轻易奏请圣上拿下年羹尧。

雍正听到年羹尧的坏话，心里不是滋味。年羹尧以前是自己的手下，更像自己的家奴，自己欣赏其才华才举荐了他。现在连平头老百姓都敢谩骂年羹尧，可见年羹尧的名声实在不好。

雍正皇帝要辛苦一阵子了，因为他找到了一个新目标，那就是年羹尧！年大人，你小心点儿，你的好日子快到头了！

明修栈道

听说年羹尧是腐败官员，雍正皇帝的手一抖，真是感到心寒。年羹尧可是自己一手提拔起来的。在自己的印象中，年羹尧有才华，又有魄力，对自己忠心耿耿，怎么可能会成为狂妄自大的卑鄙小人呢？雍正皇帝有点儿不敢相信这个事实，但他也懂得人心会变。

雍正二年（1724 年）十二月十一日，雍正皇帝在年羹尧的奏折上朱批："凡人臣图功易，成功难；成功易，守功难；守功易，全功难。为君者施恩易，当恩难；当恩易，保恩难；保恩易，全恩难。若倚功造过，必至返恩为仇，此从来人情常有者。尔等功臣，一赖人主防微杜渐，不令至于危地；二在尔等相时见机，不肯蹈其险辙；三须大小臣工避嫌远疑，不送尔等至于绝路。三者缺一不可，而其枢要在尔功臣自招感也。我君臣期勉之，慎之。"

这是雍正非常耐心地给年羹尧的回复，其实是一次严重的警告，但

是年羹尧看来是脑袋坏了，却把这封书信当成了一次普通的公文来往，让雍正皇帝白费了一番心血。

雍正三年（1725 年），雍正皇帝决定派出得力大臣蔡大人带队，实地调查年羹尧的腐败案。

这里有必要介绍一下年羹尧。

年羹尧进士出身，是大清朝一代名将，高官显爵集于一身。军事上运筹帷幄，驰骋疆场，立下了赫赫战功。不仅如此，年羹尧与雍正皇帝的关系也很好，他的妹妹年氏被选为雍亲王侧福晋。

下面接着说蔡大人。这位蔡大人前脚刚离开京城去往川陕地区，后面四面八方的控告信、举报信就像长了翅膀一样飞向皇宫。这些信归纳起来，一句话，那就是年羹尧贪污腐败，必须马上处置。

这些举报的大臣，胆子也够大的，连皇上的妃子的哥哥也不放过，可见他们要多狠就有多狠。在我眼里，这些官员是令人敬佩的，他们敢于向权贵挑战。雍正皇帝收到这类举报信，生气地将它们丢在地上。

而事情的发展，却令朝廷内外吃惊不已。蔡大人去川陕好吃好玩了几天，圆满完成任务，给皇上的奏折是年羹尧是一位深受百姓爱戴的功臣，为官勤政，廉洁自律。可见，年羹尧当然没少在蔡大人身上下功夫啊！

雍正皇帝说："看来年羹尧为官不错，不愧是从朕身边出去的。"

但是还有不怕死的大臣，他们又公开揭露年羹尧。雍正皇帝面对这些正义的大臣，心里也发虚，有点儿退步。

雍正皇帝说："大家对年羹尧有看法，朕尊重大家的意见，但是现在蔡爱卿已经调查过了，年羹尧没有问题。不然，就让年羹尧去杭州吧，任杭州将军。"

通过这番话，机灵的大臣已经嗅到一种味道，年羹尧遭殃的时刻快要来到了。

当年羹尧接到皇上的调令，虽然自己贪污受贿，但是目前形势还是不错的，雍正皇帝还是信任自己的，还是讲情义的。让自己去人间天堂杭州，应该是个不错的选择。

年羹尧毫无戒备地相信了，当然，此次去的天堂，不是杭州天堂，而是上天的天堂。天堂的大门慢慢向他敞开了，等待他的即将是一去不复还！

暗度陈仓

年羹尧离开了川陕地区，一步三回头，实在依依不舍。在这块热土上，记载了年羹尧的不少辉煌和骄傲。

年羹尧远远望着渐行渐远的川陕，失落感油然而生。老子以前是川陕总督，可以说是土皇帝，现在让老子去当杭州将军，交出了抚远大将军军令，明显是降级使用啊。如果能保留总督头衔，对家人、亲属、朋友，也包括自己，也是一个合理的交代。

年羹尧走到江苏仪征时，不想前行了，因为他有了天真的幻想，认为雍正皇帝是自己的恩人，有问题的话，他也会拉兄弟一把的。即使自己贪污受贿，雍正皇帝为了自己的面子，也会放他一马。这是年羹尧真实的幻想，因此他做出了一个“天才”的决定，逗留在江苏仪征，观望不前。为了让自己恢复总督官职，年羹尧思考了很久，自己向雍正请求复职，传出去名声不好听。在这困难时候，年大将军发挥了聪明才智，他指使西安府咸宁县知县朱炯出马。朱炯见年大人要求帮助，二话没说，当即向皇上写奏折，请求为年羹尧保留川陕总督之职。年大将军被官职冲晕了头，基本常识也忘了，一个小小的七品县官，向皇上推荐任命朝中一品大员，皇上会听取吗？答案是否定的，传出去怕也要让人笑掉大牙。

过了一天，年羹尧将军清醒多了，感觉朱知县的推荐级别不够，采用率不高，于是不顾面子，决定亲自上场。他上奏声称：“臣不敢久居陕西，亦不敢遽赴浙江，今于仪征水陆交通之处候旨。”

雍正皇帝何等聪明啊，为了稳住年羹尧，他托李公公传来口谕：“皇上理解你的心情，你的功劳非常大，快去杭州上任吧。”

年羹尧认识李公公，平时自己经常给李公公塞银子，李公公当然不会骗他，但这次年大将军错了。

年羹尧抵达杭州后，去自己的官府报到上班，可位子还没坐热，就得到一个消息，他的心腹——四川提督纳泰升离开了四川，去京城任职。年羹尧感觉自己丢了一条膀臂，心痛不已。这时，又一个极其重要的消息传来，他一手培养的亲信——甘肃巡抚胡期恒被革职查办。这么短时间失去两个心腹，年羹尧霍地站了起来，走了三步，突然摔倒在地。

年羹尧为心腹难过，更为自己难过。

同年九月，圣旨下来，缉捕年羹尧。年羹尧想反抗，可已经来不及了。这里是杭州，他手里无兵无将，不是大西北，怎么可能动手反抗？反抗就是自寻死路，配合审理，还可能有一丝生机。当然这仅是年羹尧的一厢情愿！

年羹尧这时大呼上当，本来他不会束手就擒，可皇上太狡猾了，他派出李公公尽说好话。李公公说："圣上刚上任，许多人举报他的亲信年羹尧贪污受贿，圣上把你放在杭州任职，就是避避风头，过段时间，没有人举报了，你便可以重返总督之位。"如果没有李公公传来的密旨，他才不会启程到杭州。在大西北，自己带领数十万人，远可以打京城，近可以在西北称王，凭自己的军事天赋，当个西北王真是小菜一碟。如果运气好，打进京城，当皇帝也是有可能的。可现在却一无所有。年羹尧在押送的路上一直在思考这个问题，自己本来是有机会称王称霸的，可现在却已经来不及了。

年羹尧被押到京城，原先弹劾他的大臣又开始弹劾年羹尧，最有名的便是直隶总督李维钧连奏三本，痛斥年羹尧"挟威势而作威福，招权纳贿，排异党同，冒滥军功，侵吞国帑，杀戮无辜，残害良民"。另外，蔡珽也实名举报年羹尧贪污受贿！

雍正三年十二月（1726 年 1 月），以十三阿哥为首的议政大臣把会审结果呈奏圣上，年羹尧被判九十二条大罪，请求凌迟处死。凌迟是世上最残忍的刑罚之一，也叫千刀万剐，即在犯人身上挖千余刀，却不能让犯人死，真是生不如死。

雍正还是讲情面的，他若给自己的妃子的哥哥身上挖一千多刀，传出去也实在难听。何况人死了，什么都没有了，只要人死就行，死了就解决问题了，没有必要对亲戚施这么残忍的刑罚。于是，他最终决定还是让年羹尧在狱中自尽吧。

最终，年羹尧案落下帷幕。年羹尧，于狱中自尽，其子年富被处斩，余子十五岁以下者被发配广西、云南、贵州充军。年父因年事已高被赦免，年妻则被发还娘家。

嚣张的年羹尧把自己的命弄没了。命没有了，家人没有了，财产没有了，什么都没有了。人活着，即使一品大员，皇上身边大红人，也没有必要嚣张，更不值得嚣张。因为年羹尧的命运，就是前车之鉴！

一代才子

下面说一说另一位落马的官员——蔡珽。

蔡珽是辽宁锦州人，其父蔡毓荣是云贵总督。康熙三十六年（1697年），蔡珽考中进士，后来升为庶吉士。此时的他认识了声名在外的年羹尧。年羹尧也是进士出身，在阅读了蔡珽的文章和诗句后惊叹不已，感觉此人的文化修养远在自己之上。于是，年羹尧作了一个“科学”的决定，将蔡珽介绍给自己的主子四阿哥胤禛。此时的宫斗非常激烈，四阿哥胤禛在夺嫡之战中处于劣势，他非常需要能臣异士助自己一臂之力。

蔡珽在拜见过四阿哥胤禛后，对其能否继位也不抱多大希望。康熙皇帝有这么多皇子，谁知道他会传位给哪位呢？但是多认识一位皇子也不是坏事，总会有点儿作用。可是，蔡珽并不感谢年羹尧，而是认为年羹尧应该感谢他。因为推荐人才是年羹尧的工作职责，他是在帮主子引进人才。但是年羹尧的想法完全相反：老子帮你介绍皇子，你总得意思意思吧，没有老子引见，四阿哥是不会轻易接见你的。

后来四阿哥胤禛坐上皇位，两个人的想法还是没变，彼此成见更

深。蔡珽想：四阿哥坐上皇位，其中一个原因就是遇上自己，自己的运气帮助了四阿哥。而年羹尧则认为：老子给你介绍了货真价实的皇帝，你更要懂得感恩吧。

在两种完全不同的想法的作用下，后来发生的一件小事，让两位大臣反目成仇。蔡珽很喜欢吃又甜又鲜又嫩的塘栖枇杷，每年五月枇杷熟的时候，他总派人送给年羹尧两篮。那一年，蔡珽没有送年羹尧，他想法也对，为什么要年年送啊，你又不是我的再生父母或者大恩人。年羹尧却认为蔡珽没有良心，自己帮了他这么大的忙，没有感恩也就罢了，以前送枇杷，现在却没有了，分明是对自己不尊重。

后来，年羹尧升为川陕总督，蔡珽也升为四川巡抚。年羹尧开始刁难蔡珽。年羹尧的手段非常高明，一般刁难谁，就向谁进攻，但是年羹尧却把黑手伸向了蔡珽的亲信，打击你的亲信，疼痛到你肉里。蔡珽的亲信级别相当高，是夔州知府程如丝。雍正元年（1723 年），年羹尧疏劾程如丝贩卖私盐，残害盐商。而蔡珽面对如此凌厉的攻势，没有躲避，也没有退步，而是针锋相对，向雍正皇帝奏称程如丝是一位好官，而且是四川第一好官，直接否决了年羹尧的观点。

年羹尧知道后大骂蔡珽："我没有公开搞垮你，你小子却跳出来闹事。好吧，你来吧，我等着你！"

蔡珽知道自己已经与年羹尧公开撕破了脸面，既然翻脸了，那就一不做二不休，奉陪到底吧，也让年羹尧尝尝，我蔡珽也不是好惹的。他果断提出针对年羹尧的奏书。年羹尧要在川陕"开采、鼓铸"。蔡珽便上疏皇上"四川不产白铅，开采非便"，以此阻止在四川开采石料。

年羹尧在与蔡珽的斗争中，感觉自己始终处于下风。不久，终于出现了一个千载难逢的机会，让年羹尧可以一鼓作气将蔡珽拿下。重庆知府蒋兴仁收受一大笔贿赂。蔡珽得知手下不廉洁非常不快，不是因为蔡珽太廉政，而是这个知府吃独食，没有孝敬蔡珽。蔡珽把重庆知府蒋兴仁唤来，狠狠臭骂了一顿，目的是吓倒他，让他乖乖地将非法所得吐出来（给自己）。蒋兴仁却吃错了药，还以为蔡珽要拿他办案，他想自己的贪款数额巨大，足够让他丢掉脑袋。蒋兴仁知道酷刑凌迟、斩首的残虐，两条腿便不听使唤地颤抖起来。蒋兴仁虽然胆子小，却不怕死亡，他选择了上吊自尽。据此，年羹尧狠狠地参了蔡珽一本，说他逼死了重庆知府蒋兴仁。

这事传出去后可不得了，雍正皇帝下旨免除了蔡珽的巡抚一职，并押送进京审理。这让年羹尧开心至极，谁还敢与老子作对？与老子作对，都没有好果子吃。

进京后，蔡珽大胆辩解，说蒋兴仁是生病致死，是累死在工作岗位上的。蔡珽的运气不错，雍正三年（1725 年）正月，蔡珽被免除罪责，光明正大地从监狱里走了出来，且官复原职。

为什么雍正皇帝会轻易放过蔡珽，史学界有不同版本。本人认为其中有两个重要原因：

一是雍正皇帝是蔡珽的铁杆粉丝，尤其喜欢看蔡珽的诗文。如此才华横溢的人，雍正皇帝实在舍不得杀他。

二是举报人年羹尧在雍正皇帝心中的地位已是一落千丈。年羹尧傲慢、狂妄、嚣张，他称王称霸的野心已渐渐显露。雍正皇帝对年羹尧非常反感，年羹尧所举报的事情，他当然不予采纳。

难逃罪责

雍正三年（1725 年）正月，年羹尧贪赃枉法一事败露，使蔡珽有了转机，雍正皇帝免除其罪。二月，雍正皇帝亲自召见蔡珽，说他的获罪“系年羹尧参奏”所致，并授予蔡珽为都察院左督御史。蔡珽官运不错，不久又被升为直隶总督、吏部尚书等高官。

雍正四年（1726 年）四月，杨云栋被查贪污军饷。这把蔡珽吓出了一身冷汗，杨云栋是他的学生，而且杨云栋贪污的银子有一半进了他的口袋。如果杨云栋出事，自己绝难逃干系。蔡珽心里大骂杨云栋是庸才，这种事情都做不利落，搭进你的小命是小，连累老子的大好前程是大。

此刻的蔡珽如热锅上的蚂蚁，他决定救杨云栋，当然这也是为了自

己。于是，蔡珽出面力保杨云栋，如果杨云栋过了关，自己就会高枕无忧。蔡珽的性格是要么不做，要做就绝对做到位。他极力保举杨云栋是个清正廉洁的好官，还信誓旦旦地说："我认识他，了解他，此人绝对为官清廉，不可能贪污腐败。"这不是睁着眼睛说瞎话吗？明明杨云栋贪污腐败，连菜场上卖菜的大叔大妈都知道了，你却说他是好官，谁信啊？这一回，蔡珽失策了，因为张廷玉掌握了杨云栋贪污的真凭实据，你说再多的假话，也不管用啊。

蔡珽的文采，张廷玉还是认可的，但此事令张廷玉对其有新的认识：此人人格有问题。另外一个大哥级人物同样对蔡珽极不满意，此人就是雍正皇帝，他开始给蔡珽颜色看，然后给蔡珽降职，其速度如走下山之路。四月，雍正皇帝解除他左都御史、都统职务；七月，解除他的吏部尚书之职务；十月，将他降为奉天府尹。这让蔡珽清醒地认识到雍正皇帝不会再重用自己，但此刻的形势还不是太坏，不管怎么说，还能保全高官之位。能保住这个饭碗，已属万幸。

按照蔡珽的罪责，将其削职为民是轻，坐牢判刑更是理所当然。但是大权独握的雍正皇帝实在欣赏蔡珽，不想让这位尊敬的老师成为阶下囚。

此时的蔡珽运气非常不好，真是一波未平，一波又起。这时，有一个违法犯罪之人叫汪景祺，是举人出身，喜欢写东西，别人写东西是为了扬名，他写东西纯粹是为了保护自己，有朝一日出事，可以拿出来保护自己。

汪景祺很有创意，他给自己写的这个本子起了一个响亮的名字《西征纪实》，此中详细记载了蔡珽在四川任巡抚时，曾接受夔州知府程如丝贿赂，共计纹银六万零六十两、金子九百两。

单凭这笔贿赂，蔡珽也是一只该打的大老虎。

蔡珽写有一首《经桃源》，雍正皇帝很是喜欢。这首诗是蔡珽的力作，描写了一个优美的环境。雍正皇帝越看越喜欢，甚至能背诵下来。

此外，雍正皇帝还经常翻看蔡珽的《守素堂诗集》。虽然蔡珽犯罪事实清楚，但是对偶像下手却很难，他实在下不了这个决心。

张廷玉也看清了雍正皇帝的优柔寡断，决定帮这位大哥一个忙，让他下定决心除掉蔡珽。张廷玉知道雍正皇帝最恨之人不是贪污腐败，而是结党营私，因为皇上是世上最大的光杆司令，如果大臣之间结党营私，发展到一定阶段，有可能会架空皇上，甚至篡位夺权。这是历朝历代皇上最为提心吊胆的事情。

张廷玉给雍正皇帝奏报了一个事实，足以让其对自己的偶像下手。巡抚田文镜曾弹劾黄振国贪劣不法，蔡珽却为黄振国翻案，还力荐黄振国为河南信阳州知州。之后，直隶总督李绂也进京奏言黄振国无罪。同时，御史谢济世也干脆利落地弹劾田文镜，大呼黄振国冤枉，认为黄振国是个好官。

可黄振国经雍正皇帝亲自过问后，证明其罪孽深重。面对三位大臣联合为黄振国喊冤叫屈，雍正皇帝只能慨叹“天理昭彰，胆寒毛骨为之悚然”。从此事中，雍正皇帝掌握了蔡珽结党营私的间接证据，他决定马上将蔡珽收监。

经过审理，决定立斩黄振国，判蔡珽斩监候，入狱。

后来，蔡珽被朝廷赦免，于乾隆八年（1743 年）病逝在家中。

第九章　与李卫联手

棚民问题

雍正皇帝作为太平盛世的皇帝，臣民认为他过得很舒服、很惬意，其实不然，家家都有本儿难念的经，皇上也如此。他面临的辣手问题也不少，其中最令他寝食难安的问题就是棚民。

何为棚民？棚民就是那些离开家乡且没有固定居所的居民，即流动人口。

当然，雍正皇帝不会担忧几十个或者上百个棚民，人少成不了气候，但是如果当成千上万的棚民涌现，确实令他忐忑不安。雍正皇帝紧锁眉头，他深知对皇位垂涎三尺的人比比皆是，稍有不慎便可危及国家政权。

雍正元年（1723年），安徽、江西、湖北、四川等地方的官员像雪片似的向朝廷上书，反映当地已颇具威胁性的棚民问题。

一方面，棚民生活条件多数不好。如果家境好，谁愿意背井离乡过着居无定所的流浪生活？另一方面，棚民与当地常住百姓的风俗、语言、观念等差异较大，经常出现这样或那样的纷争，时不时还会爆发群体性斗殴事件。因此，棚民已严重影响地方的社会治安，是地方官员的心病。

为了进一步控制棚民，清廷设定了种种限制。

这些政策与历史发展的客观规律格格不入。谁要违背客观规律，谁就会受到惩罚。在清廷采取打压之举后，棚民的数量不但没有减少，反而与日俱增。

面对如此复杂的棚民问题，雍正皇帝相当头疼，他深谙其中的道理，这些人现在是一堆干柴，假如有人点一把火，必将燃烧，国家就会乱成一锅粥。他很想亲自去调研，拿出一个切实可行的解决方案，但是朝内这么多公务要亲力亲为，实在脱不开身。雍正皇帝想来想去，决定派人去，最合适的人选就是自己的心腹张廷玉。他太了解张廷玉了，此人办事认真、细心、负责，又会整理、策划。之前，张廷玉办事从不撂下难题，派他去，如同他自己亲自前往。

一个人的才能，从来不是吹牛而来，而是从磨砺中体现出来的。

张廷玉接到圣旨后，披星戴月地赶到安徽徽州，开始深入基层调研。那天，张廷玉带着手下来到一个棚民区。棚民见一位穿着官服的官员过来，马上作鸟兽散。张廷玉叫他们回来，可谁也没有理他。老百姓对官员已经没有好感，官员不是要赶他们走，就是约束他们的行为，在他们眼里，官员绝不是好人，最好一年四季都见不到官员，这才是他们所期盼的生活。张廷玉带随从走了不少家，可棚民对张廷玉的态度却一成不变：避而不见，见而不谈。

张廷玉返回住所后，经过仔细分析，终于找出了原因，是地方官员对棚民的高压政策，让棚民有了一个错误认知：官员不是好东西。解决这个问题对张廷玉来说轻而易举，就是脱掉那身“恐怖”的官服。当天晚上，张廷玉派小华子借来了一套百姓的旧衣服。

第二天，张廷玉穿上平民的旧衣服，带上小华子进入了棚民区。棚民见他们两个也是普通老百姓，便态度友好起来，大家畅所欲言，说出了心里话。

“朝廷怎么才能让棚民满意？”张廷玉问。

有人说：“朝廷解决我们的温饱问题即可。”

“但是朝廷也没有这个实力啊！”

“官员天天大鱼大肉，而我们只能喝西北风。”

张廷玉说：“自己劳作，可丰衣足食。”

这时，一个大胡子的汉子说道："我租用了一个山头种苞米，可官府的衙役却三天两头来找我麻烦，说我不得租用山头，还说种苞米会使山地泥沙流失，填进水渠，成为水患。"

"他们什么意思？"

"官吏的意思，说白了，就是让我们滚！"

当晚，一轮皓月当空，张廷玉拖着疲惫的身体返回住所，躺在床上辗转反侧，久久不能入眠。他走出屋子，眺望星空，感慨万千："棚民问题不解决，大清必会风雨飘摇啊！棚民也是人，不解决好棚民的问题，我就不如回家种红薯！"

百姓拥戴

张廷玉在徽州调研了一个多月，之后又马不停蹄地跑去江西、湖南。在江西、湖南调研期间，他日出而作，月升而归。张廷玉虽然学富五车，进士出身，但还是得面对一些地方文化的挑战，比如说他从来没有学过方言。这些方言南腔北调，让他听起来非常费劲。当然，张廷玉在不断地与众多棚民的沟通中，逐渐克服了语言上的障碍。

在这段岁月中，张廷玉终于懂得了棚民的苦衷，棚民千里迢迢远离故乡，并不是要发财，也不是要风光，实际是没有办法的办法。家里已经穷得揭不开锅，连啃树皮、吃观音泥也逃不过最终被活活饿死的命运，最后只剩下一丝活命的希望，那就是千难万险地去闯。棚民的生存困难深深刺痛了他的良心，如此在死亡线上挣扎的民众，地方官员并未替他们考虑。张廷玉深知自己责任重大，他立即起草了一道奏书，内容是实际处置棚民的方案。

雍正皇帝收到张廷玉的奏章后，经过仔细阅读，归纳了三条处置棚民的意见：一是安置棚民，免费给对方上户口，纳入保甲编制；二是进入保甲编制后，由地方衙门统一管理，不得与当地居民肆意闹事，并接受忠君爱乡的思想启蒙；三是鼓励棚民子女进入当地学校读书，地方官员不得以任何理由收缴费用。

在这三条意见中，每条每句都是在替棚民着想。雍正皇帝龙颜大悦，心想：张廷玉不愧是自己的得力干将。按照以往的风格，雍正皇帝定会表扬他一番，但张廷玉是自己的秘书，得到的表扬、奖励比较多，大臣也已经习惯了，不会有什么惊讶。

可雍正皇帝毕竟是皇帝，说话水平高，明明要表扬张廷玉，却批评对方，给他一定的压力，希望他继续脚踏实地地前进。雍正皇帝说："张廷玉现在工作不如以前了，是不是不在朕身边的原因啊？"

大臣们见皇上如此批评张廷玉，心里那个乐啊：张廷玉，以前你总是得到皇上的称赞，现在你的好日子到头了。不少大臣也是落井下石的高手，况且张廷玉又不在京城，但是他们找来找去，却找不到张廷玉的把柄。

雍正皇帝见朝堂上众位大臣交头接耳，议论纷纷，便用洪亮的声音说："朕认为张廷玉的奏书，写得不完整，退给他再去调研。"

张廷玉接到圣旨后，沮丧极了，自己花了九牛二虎之力才整理出的意见，皇上却不满意，他感觉到了前所未有的压力。张廷玉知道皇上是在考验自己。经过一番苦苦思考，他终于发现了自己的建议文书确实还有不足。

这个不足就是没有写明棚民应尽的义务。皇上最担心他们造反，而在奏章中，他并未提出制约他们的制度。

于是，张廷玉经过苦苦思索，终于想出了办法，那就是实行"千户制"。所谓"千户制"，就是每一千户派出十人左右的小兵站，协助当地县尉、捕快维持社会治安。

这一招当然非常受雍正皇帝的喜欢，能够看住、管住棚民，他心里的一块石头才终于落地。

张廷玉的报告也受到了当地百姓和棚民的欢迎。老百姓经常往张廷玉的住所送鸡、送鸭、送鱼……把张廷玉视为自己的再生父母。张廷玉却对百姓送来的礼物一概拒之。

这一天，张廷玉终于完成了解决棚民的任务，决定回朝。这个消息被老百姓知道了，老百姓决定为青天老爷张大人开个欢送会。小

华子把这个消息及时地报告给了张廷玉，张廷玉的额头却挤成了一个“川”字形。

小华子说：“老爷不喜欢这个形式，小的便通知衙门，让他们贴个告示，取消欢送仪式。”

“不，不用了。我自有办法。”

次日清晨，天还灰蒙蒙一片时，张廷玉便带上随从小华子等人出门回京。

小华子说：“老爷比我等小人可厉害多了！”

“什么意思？”

“我们提前出发，便可以避开欢送仪式了。”

张廷玉看了他一眼，并没有接这个话题。

当他们走过一条弯弯的小路，准备拐进大道时，前面出现了非常惊人的一幕，只见黑压压的一片民众挡在路中间。

小华子吓了一跳，说道：“是强盗抢劫吗？”

马夫听到是强盗，脸都白了，马上将马车调头。在准备逃跑时，前方那批人“呼啦啦”地冲了过来，跪拜在地，高喊道：“张大人是我们的青天大老爷。”

张廷玉听到后，赶忙下了马车，搀扶起一众百姓。

这让小华子惊讶不已，百姓是怎么知道他们要提前离开的呢？

张廷玉向前拉起带头的一位大胡子汉子。大胡子汉子捧起一杯酒说：“我是棚民胡老三，张大人为我们棚民制定了能活下去的政策，就是我们的再生父母。听说张大人今天要辞行，我们便早早候在这里，现在敬张大人一杯送行酒……”

“为官就要替百姓办事，不值一提啊。”张廷玉赶忙答道。

可大胡子汉子却大声说道：“我们百姓，请张大人喝一杯薄酒。”

四周的百姓，也跟着大声附和。

于是，张廷玉上前半步，接过大胡子汉子的酒，说道：“那我们便敬大地一杯酒吧！”说完，他把酒轻轻洒在前面的大地上！

随后，张廷玉与民众挥手告别……

这时，人群中有人高喊：“张大人是个好人啊。离别都不愿带走一杯薄酒！”

一杯酒确实微不足道，但张廷玉却很在意这个细节。一点小小的约束，令一个人的形象高大而可爱！

李卫斗王爷

在雍正皇帝手下当官，日子确实不好过，朝廷实施严格的考核制，可谓真刀真枪，一旦过不了关，轻者打包袱回家，重者充军坐牢。但是对有才华、有实力的官员则大不一样，比如张廷玉、李卫，他们深受雍正皇帝的欣赏。

李卫是江南人，自幼爱玩，父母也非常宠爱这个宝贝儿子，他要玩就让玩，还让他玩个够。李卫什么都玩，就有一样不“玩”，那就是读书。父母见李卫不读书，也没有逼他。李卫的父母是开明、有见地之人，读书虽好，但也不是孩子成长的唯一渠道，只要儿子健康、正派，就相当满意了。李卫在这样良好的氛围中一路玩儿大，成为一个标准的“帅哥”，非常讨人喜欢。

李卫长大后，想着当官，但是他读书不行，一说考试就头疼，还怎么当官？但李卫的父母有办法。在大清朝，不读书、不考试也可以当官，只要有钱就行。当然这个钱不是去行贿官员，而是捐官。康熙五十六年（1717 年），李卫捐资为兵部员外郎。

李卫虽然没文化，但是会说会聊啊。不久，李卫被户部相中，去了户部上班。也在此时，李卫结识了张廷玉，张廷玉没有小看这位有钱却没文化的小伙子。当然，张廷玉是喜欢李卫这种直来直去、不畏权贵的性格。于是，两人成为朋友，有时还一起喝酒畅谈外面的世界。

李卫进入户部后，领导分给他一项重要任务，那就是给众位王爷分银粮。这是一份光荣而艰巨的工作，李卫的几位前任都没有做好，领导也不会想到李卫会解决，因为就是户部尚书本人也难以搞定。然而正是这份得罪人的工作，最终却让李卫一鸣惊人，名扬天下。

户部要给每位亲王分银粮一千两，亲王并没有着急去领银粮，因为不马上去领，也不会缺斤少两。有一位亲王，总喜欢贪小便宜，每次总要多拿一些。这次他要多拿，却被李卫叫人阻止了，但对方是王爷，谁敢与王爷拉拉扯扯，万一王爷摔一跤，你的小命不丢，饭碗也要被砸碎。

李卫见劝阻不了，便向领导报告。领导说："这位王爷以前也这样的，咱们也没有办法。"

"我们应该向皇上奏明。"

"你小子脑子不好使啊？这位亲王是康熙爷的儿子，儿子多拿老子一点钱，老子会责备他吗？当然不会。"

"那怎么办？"

领导说："我也不知道。"

就这样，李卫遇上麻烦事了。他来到张廷玉家，张廷玉见李卫过来，就请他喝酒。

李卫深知张廷玉是皇上身边的红人，读过很多圣贤书，办法应该比自己多。于是，他就把自己工作中的麻烦、苦衷一股脑儿地倒了出来。

可张廷玉却只顾饮酒，没有接李卫的话碴儿。

"张大人，每次分银粮，这个亲王总多拿银粮。这本账我做不平了，万一哪天查账，我要吃官司、坐大牢。"

"什么官司？"

"至少是渎职罪。"

张廷玉调侃道："李大人，你家不是很有钱吗？你会在乎这点儿银粮？"

李卫才知道领导的险恶用心，怪不得要把自己从兵部调到户部。但是钱要花在刀刃上，该花的钱绝不含糊，不该花的钱，一分一钱也心痛啊！

张廷玉说："李大人是年轻的大清官员，你得自己想法子啊！"

李卫听后心里直骂娘，老子要有办法还会来请教你吗？他心里很不爽，可脸上却装出笑容说："还请张大人赐教！"

张廷玉沉思片刻，突然，指了指院子里的走廊。

“这是什么意思？”

张廷玉只管饮酒，不言语。

李卫再问，可张廷玉就是不说话。

之后，李卫喝了几杯酒，便匆匆离开了张府。一路上，李卫开始琢磨张廷玉的寓意，走廊有什么用啊？怎么才能克制王爷的贪小行径？

李卫整整思考了七天，终于想到了对付的办法。

那天，李卫派人写了一张纸，贴在分银粮所在地的廊坊上，内容是某某亲王多领多少银粮。落款，李卫。

这是李卫第一次公然挑战人人敬畏、权倾天下的亲王。大家都想：这是李卫吃了不读书的亏，一定会倒霉，不是坐牢就是丢官。

可一两天过后，李卫还是李卫，每天开开心心地上班。而那位亲王终于顶不住舆论的压力，亲自找到李卫，说他跟李卫开了个玩笑，他决定把那多贪的银子退回，并保证以后不再发生类似的问题，并恳请李大人将那张公示撤掉。

原来这位王爷看到自己的丑事被公示出来，感到实在太丢脸了，只得主动来认错。有人说，软的怕硬的，硬的怕不要命的。

这事虽然被妥善解决，却在宫内宫外传得沸沸扬扬，李卫也成为正义、勇敢的化身。

四阿哥胤禛得知了李卫的光荣事迹，对其大加赞赏，并把李卫调到自己身边当侍从，当然户部的工作也兼着。

查办鄂尔奇

李卫工作认真踏实，替朝廷尽心尽力，深受雍正皇帝的赏识与宠爱，他与鄂尔泰、田文镜三人被朝野称为“三大模范”。

这位模范人物李卫看上去与街坊混混无异，但他侠肝义胆，好打抱不平，眼里揉不得半点儿沙子。这种工作作风，深受百姓喜欢，好评如潮。

老百姓喜欢李卫，都愿意把状书直接给他。李卫则来者不拒，多多益善。但是李卫也有一件烦恼事，有人向他举报了户部尚书兼步军统领鄂尔泰的弟弟鄂尔奇“坏法营私，紊制扰民”。不管他哥哥是不是尚书，就算是皇上本人，李卫也敢查，只要你犯事，无论皇上，还是皇上的儿子、老婆，他都敢管。想当年王爷多贪那点儿银粮，还不是栽倒在他手里。

李卫对鄂尔奇展开了调查，结果举报情况基本属实。但是李卫也遇到了一个小小的麻烦，因为举报人是匿名，处理上有一些被动。李卫有一种预感，这事暗中有人在操纵。

李卫纠结着，若不及时处理，不符合自己雷厉风行的风格；若查处了，自己可能会被人当枪使，有点儿窝火。而且鄂尔奇是鄂尔泰的亲弟弟，鄂尔泰在雍正皇帝面前比自己吃香，万一是有人设计的陷阱，自己将吃不了兜着走。

怎么办啊？李卫犹豫、困惑起来，也第一次责怪自己不读书，如果用功读书，这种问题应该会迎刃而解。真是书到用时方恨少啊！

李卫李大人又天真了一次，社会是一门综合性大学，即使读再多的圣贤之书，也不一定能完全探索出其中的奥秘。

李卫遇上辣手之事，首先想到的就是张廷玉。张廷玉为人正派、办法多，听听他的意见，只有好处，没有坏处。

李卫找了几次张廷玉，张廷玉却总说忙，没有时间接待他。

难道张廷玉知道他在查鄂尚书的弟弟，他不想蹚这摊浑水？

这之后，李卫每次下朝，都直接去张廷玉府上。张廷玉才知道此人确实难缠，便在家里安排李卫喝酒。李卫借此机会，把鄂尔泰的案件从头到尾说了一遍。

可张廷玉只自顾喝酒。李卫没有喝酒，张廷玉望了望李卫恳求的眼神，只是举起酒杯，痛饮了下去。李卫说：“张大人，我想听听您的意见。”

张廷玉说：“不难的，把复杂的事情简单化即可。”

“怎么个简单法？”李卫想张廷玉这是在躲避，是不是在故意忽悠自己呢?

“你不要考虑他哥哥是尚书，你连亲王都敢得罪，还在乎得罪一位尚书吗?”

“不完全是这个意思，我怕被人利用。”

“不要多想了，你只要问心无愧，依律查办即可。圣上、天下的百姓都会支持你的。”

李卫重重地点了点头。

之后，李卫奏明圣上，革职查办了鄂尔奇。这让尚书鄂尔泰震惊，这个李卫胆子可真够大，竟敢在太岁头上动土，但是想反驳又没有理由和依据。

怎么办啊?没有办法。这之后，尚书鄂尔泰就得夹着尾巴做人。其他大臣也开始提心吊胆，时刻提醒自己做事要小心，若是落在李卫手中可就麻烦了。

猫喜欢偷腥吃，但是敢冒生命之忧偷腥的猫总要少一些啊!

自从交上李卫这个朋友，最开心的就是张廷玉，他故意不见李卫，只是考验一下这位仁兄的脑袋有多少货。李卫的正义、爱钻研业务，让张廷玉很欣赏。李卫大刀阔斧地查处案件，这正弥补了张廷玉精力上的不足。

李卫，好样的，继续前进!

人情礼物

李卫秉公办理了几件重量级人物的案件，其名声和威信日益提高。大家想李卫现在的位置坐得稳当，可是在大清朝，为官者栽倒的却非常多。不久，有人实名举报李卫，说他在浙江任巡抚、总督期间，大肆收受部下的礼物。

举报李卫一事，令朝野震惊，李卫查处贪官污吏，原来他的屁股也不干净啊!而举报人的身份，也令人惊讶不已，此人就是现任浙江总督程元章!

此时李卫正分管江南七府五州的盗案。

雍正皇帝对这位心腹的案件相当重视，立即派人细查，结果发现举报完全属实。以前雍正皇帝听说李卫为官清廉，不拿百姓一草一木，可现在他却公然接受下级官员和百姓所赠送的礼物。

雍正皇帝相当喜欢李卫，像看待自家兄弟一样。

在真凭实据面前，如何处理李卫让雍正皇帝非常纠结。处理李卫就是自打巴掌，让天下人耻笑；不处理吧，难以服众。

雍正皇帝面对困难马上有了金点子，那就是把球踢给张廷玉。因为张廷玉与李卫的关系铁，且张廷玉的鬼点子也多，必然有办法让李卫逃过此劫。

张廷玉见皇上召见自己，立即进宫。雍正皇帝说："张爱卿，李卫受贿之案，你也清楚了，该怎么处罚啊？"

张廷玉叩头之后挺直身子说："回皇上，李卫在浙江任巡抚、总督期间，深受百姓和下属的爱戴，收受此人情礼物，也是可以理解的。"

"张爱卿，何为人情礼物？"

"人情礼物，不是贵重礼物，是土特产，比如茶叶、枇杷、梨子等。"

"可收受人情礼物也是受贿啊！"

"这些不能定性为受贿。"

"为什么呢？"

"李卫为浙江读书人恢复了乡试，让他们通过考试进入官场；为海宁的塘栖筑坝两千三百丈，保全了农田；破获了一批盗窃案，追回赃物赃款；改革了盐税制度，让商人得到实惠……这样的一个人，接受点儿人情礼物也属人情往来啊，当然谈不上受贿。"

"不叫受贿，那叫什么？"雍正皇帝笑眯眯地故意追问。

"是人情往来！如果连人情往来都没有了，当官也不过如此，至少在百姓心目中也就没有地位了。"

"张爱卿，你的见解说到朕心里了啊！"

"那请问圣上该如何处置李卫？"

“朕不仅不处置李卫，还要提拔他为兵部尚书。让天下人看看，朕对好官、清官的处理方式完全不同。”

“可皇上，浙江总督程元章动机不良啊！”张廷玉说。

“不过程元章也没有错啊！”

“是的，他反映的情况真实可靠，没有一丝一毫的捏造。”

“程总督的意思，朕非常清楚。”

“皇上，那是什么啊？”张廷玉追问。

“程元章就是嫌前任李卫插手浙江事务，给他的工作造成了一些麻烦。”

“那怎么办？”

“不用管他，李卫升了兵部尚书，给程元章几个胆子，他也不会再举报李卫了。”

李卫被查了，当然提心吊胆，还好有“靠山”照应，最后终于逢凶化吉。

李卫是好人，也是好官，好人终归有好报啊！

金点子

这几天，雍正皇帝愁眉苦脸，闷声闷气，因为他遇到了与现在许多老板相同的尴尬，发不出工资。朝廷官员的俸禄没有着落，传出去让他脸面无光，但是没有银子，遇上神仙也没辙。

国库亏空，这其实与雍正皇帝没有直接关系，他爹康熙交给他一本亏空账，家里可以说是一穷二白。康熙皇帝南征北战，都是烧银子的工程。

康熙皇帝晚年时期，官员贪污腐化，一些地方已爆发小规模的反清起义，并伴随着不断的土匪骚乱……

雍正皇帝自从接手了这个烂摊子，就没睡过一个安稳觉。想想这空空如也的国库，他就莫名其妙地发脾气，有时全身发冷，心痛不已。

那天，雍正皇帝侧身坐在龙椅上，扫了一遍金銮殿上的众多文武

百官，提出了一个尖锐而现实的问题。他严肃地问："怎么才能让国库丰盈？"

饱读诗书的文武百官听到这个问题，知道四书五经上是没有答案的，个个都低下头，作沉思状。

雍正皇帝等了好久，也没有哪位大臣出班起奏，顿时火了，心想：你们吃我的，穿我的，有问题时却一个个不吱声，你们读得哪门子圣贤书啊？雍正皇帝立直身子，拍了一记龙书案，高声骂道："朝廷养了你们这批人，该你们出力时，却装聋作哑，你们是不是来骗取俸禄的？"

这时，十二王爷允祹出班说："皇上，臣弟认为，要发展经济，可以与外国发展经济贸易合作。"

雍正皇帝摇了摇头，说："与国外贸易，挣钱还可以，只是风险太大。"

大臣们齐刷刷看着张廷玉，因为每次遇到棘手问题，总是张廷玉出马，从容不迫地化解问题。张廷玉见躲不过，也不客气。他行过君臣大礼后说："皇上，银子关系着大清的命脉，要让国库丰盈，确实非常困难。"

群臣一阵骚动，看来这张大人也没辙，这次是真的没辙了。

雍正皇帝说："张爱卿，你有没有好点子？"

"皇上，微臣有一个办法，可以试试。"

"什么办法？快说！"

"向官员要银子。"

此话一出，大殿之中乱成一锅粥，大臣们惊惶失措：两个月的俸禄没付，却还要向我们要银子，老子又不会生银子，这个张大学士是不是脑子不好使了？

雍正皇帝问道："张爱卿，如何向官员要银子，难道要向官员征收税款吗？"

"皇上，微臣的建议是向贪官污吏开刀，哪个部门亏空，便首先查哪个部门的账。查清官员的收入，如果是贪官，就把赃物赃款没收。这样，既能解决眼下国库亏空的燃眉之急，又可以惩治贪官污吏。"

好办法，真是一举两得！

一时间，大堂上，有的大臣面色发紫发白，有的大臣窃窃私语，有的大臣谈笑风生……

雍正皇帝坐稳龙椅，面露喜色，说：“朕完全同意张爱卿的建议。朝廷来钱有许多合法合情的办法，这次既能惩治腐败，又能解决国库亏空问题，真是千金难买的金点子！”

张廷玉，真是敢想敢说，真男子也！

严查内务府

知悉皇上颁布了追查贪官污吏的圣旨，最开心的官员当属李卫。他手舞足蹈地让人写奏书，要求把这件事上升到法律层面。

雍正皇帝得知后，龙颜大悦，立马责令刑部拟定法令，并派出钦差大臣全面清查康熙年间以来国库所亏空的钱粮；各级衙门要接受严格审查，所有亏空的钱粮必须在三年内补齐；同时，不许向百姓摊派，一经发现此类事情，将予以重办。

面对如此严厉的法令颁布，各级官员大惊失色，因为雍正皇帝所说的重办，不是摘你的顶戴花翎，而是要你的小命。

雍正皇帝把张廷玉传到南书房，问：“追查贪官，该从哪里下手？”

张廷玉思考片刻后，说道：“回皇上，听说内务府亏空大，只是涉及王爷，微臣不敢多言。”

“有话快说。有什么事，朕都给你担着。”

“内务府一直是由十二阿哥允祹负责。此处油水极大，影响也极坏。如果能从内务府着手查起，既可表明皇上整治贪腐的决心，又能杀一儆百。”

“王子犯法与庶民同罪，爱卿不必忌惮。”

这之后，雍正皇帝立即下旨严查内务府。这个好消息一经传出，地方各级有猫腻的官员惊恐万状。内务府又不是他们经营的，他们害怕什么？道理很简单，皇上能对亲弟弟动手，他们这些虾兵蟹将也在

劫难逃。

最可笑的是十二阿哥允祹，平日里，大腹便便，颐指气使，自从接到追查亏空的圣旨，便整天在家里抱着老婆孩子痛哭。

内务府亏空多少银粮，全由十二阿哥允祹填补。十二阿哥允祹以前贪污的那点儿公家钱粮，现在都要退还，那可都是白花花的银子，能不让人心疼吗？没办法，他只能在家痛哭，他知道这个窟窿太大，难以填满啊！

此时张廷玉来到王府。十二阿哥允祹见到张廷玉如见到救星，擦去泪水，笑脸相迎，并拉着他的手说："张大人，这次还要全仗你帮忙啊！"

张廷玉说："微臣能帮忙的就是提个醒儿。这个窟窿不管多大，王爷也一定要补齐。"

十二阿哥允祹想，看来张廷玉是说客，那就先搪塞一下吧。他说："本王哪里有那么多银子啊？"

"不补上，就是违反圣上的旨意，是要充军坐牢的。"

"本王没有那么多钱，坐牢就坐牢吧！没钱的日子，和坐牢有什么两样？"

"王爷，这个微臣可完全不赞同。如果王爷把窟窿补上，你还是王爷，每月照旧领取朝廷的俸禄。如果坐牢了，你就是犯人，可能要抄家。抄了家，不要说你的俸禄没有了，就连你家的银子也不是你的了。"

"不是本王的，那会是谁的？"

"全归朝廷所有。"

十二阿哥允祹见此，赶忙问道："张大人是不是在骗本王？"

"微臣为皇家尽忠，欺骗王爷您，那不是活腻了？"

十二阿哥允祹送走张廷玉后，骂道："爷是堂堂正正的皇子皇孙，却受这些汉臣的气，真是虎落平川被犬欺。"紧接着，他从楼内走到楼外，又从楼外走到院子里，走了半圈儿，突然瘫倒在地。望着金碧辉煌的宫苑，十二阿哥允祹心想，不填亏空，就要坐牢，自由当然比银子贵重得多。

次日，十二阿哥允裪便把家中的银粮全都拿了出来，但是仍然填不了那个大窟窿。十二阿哥允裪做事还是认真的，银粮不够，那就倒卖家里的书画、玉器，最后还是不够，他就把家里的桌椅、大床、丝绵被都拿出去卖，最终七拼八凑地终于填平了那个窟窿。这时，他家里只剩下一个空空的宫苑……

十二阿哥允裪虽然一贫如洗，但是他的命运却明显比其他官员好，因为下一步出台的整治政策，会让那些有猫腻的官员真正心惊胆战！

海底捞

整治贪官污吏的行动如火如荼地进行着，国库也在不断地充盈。派去各地的钦差大臣所向披靡，总能取得不错的成绩。但是雍正皇帝仍然觉得不够，因为这离补足国库还远着呢，这点银子属于杯水车薪。

雍正元年（1723 年）八月，通政司官员钱以垲看出了皇上的心思。为了讨好自家主子，他提出了一记狠招：凡是亏空官员，先抄家，后查办。

这招真绝，可防止贪官将财产转移。雍正皇帝正缺钱，便毫不犹豫地用了这剂有效的猛药，同时极力表扬钱以垲大人的智慧。这个高帽子一戴，钱大人便高兴得分不清东南西北了。

为了鼓励钦差大人的敬业精神，雍正皇帝还下了一道啼笑皆非的圣旨："请各位钦差大人务必查抄到底，多多益善。"若是查到山穷水尽处，雍正皇帝也有办法，本人没有银两就让他们的子孙来偿还，让他们子子孙孙都做穷人。

这道旨意一出，天下人才知道雍正皇帝不是在整治贪官，而是要榨干贪官的钱财，他是在搞"海底捞"。

雍正皇帝这么一搞，那些还不了亏空的官员压力很大，有些人狗急跳墙，想拿了钱财就跑，在这里被逼死，还不如浪迹天涯海角。虽然普天之下莫非王土，但是贪官污吏多如牛毛，许多逃犯成了漏网之鱼！也有胆子小的贪官，采取的办法很实用，就是畏罪自杀。他们相信：大不

了一死，一死百了。

有人说，自杀是胆大者所为，敢于结束生命，而我认为自杀者是胆小者所为，他们胆小如鼠，怕直面问题，在逃避责任。自杀的官员一多，除了舆论会给朝廷施加压力外，还会让朝廷收不到钱财，因为人死账清，这是亘古不变的规矩。而且钦差大人也是人，大家毕竟同朝为官，逼死了人，还要在他家里搜刮钱财，良心上也过意不去。

怡亲王发现了这个问题，马上向雍正皇帝奏明。雍正皇帝也没有办法，他直愣愣看着张廷玉，他相信张廷玉必然有好的建议。

张廷玉见皇上望着自己，便出班行礼说："历经四年整治，廉政之风明显好转，但是国库亏空依然严重。如果贪腐官员一旦自杀，就放弃追查其财产，那是玩忽职守。"

雍正皇帝听后点点头，张廷玉的话真是说出了自己的心里所想。雍正皇帝说："想用自杀逃避责任，没门儿！就是逃到阎王爷那里，朕也要将他的账目查清，将贪得的银粮追回。"

死了的官员也要追查，这让雍正皇帝有了意外的收获，因为自杀官员往往是在替其他官员隐瞒。这些死去的官员要么不查，一旦追查，就能带出一窝。

就这样，雍正皇帝在张廷玉的鼎力协助之下，使运转困难的国家又重新焕发出了勃勃生机！

第十章 伴君如伴虎

缔结婚约

雍正四年（1726年），因为张廷玉对棚民问题处理果断、有效，使得他官运亨通，雍正皇帝任命其为文渊阁大学士、翰林院掌院学士。这一回是一次质的提升，张廷玉的角色从秘书上升到了宰相！

本来张廷玉在官场就非常吃香，他是皇帝的秘书，既能嗅到皇帝那边的风吹草动，又能在皇帝面前说一不二。这次被提升为大学士后，张廷玉如日中天，朝野上下对他是另眼相看。这时的张府一下子热闹了起来，官员和客人有事没事就来套近乎，都想着能攀龙附凤。这对许多人来说是好事，但是张廷玉并不乐意，反而头疼。见客人的话，自己看书的良好习惯便要丢掉（没有时间看书）；不见吧，又怕他们说自己架子大，往后还有许多工作需要他们配合。

进士出身的李绂也来拜见张廷玉。李绂见了张廷玉，不说官场之事，只聊文学和学问。张廷玉见他博览群书，学富五车，也非常欣赏他，彼此交流心得，两个人聊得畅快。

李绂是非常聪明的人，他知道要成为张廷玉的铁杆朋友，送钱送物是最傻的办法，因为张廷玉不会收，即使张廷玉收下钱财，也很难与他一心，以张廷玉的才华、性格，一定会更看不起自己。于是，李绂想出了一个绝妙的办法，既不用花半分钱，又让张廷玉死心塌地把他当自己人。这个办法其实很简单，就是把自己的千金许配给张廷玉

的儿子，双方结成儿女亲家。何况张廷玉的儿子张若霭年纪轻轻就已非常优秀，在诗歌、绘画方面出类拔萃，在京城名声较大，考个进士也如囊中取物一般。

李绂每每喝酒尽兴，便将自己想把女儿许配给张若霭的意思表达出来。一般遇上这种情况，作为父母会很开心，因为自己的儿子被人相中，但是张廷玉一点儿也不高兴，因为他听说李绂这个人虽然聪慧，但却骄横。

张廷玉面对李绂，也以其人之道还治其人之身。李绂请客喝酒要提儿女之事，张廷玉便猛喝三杯酒，当即佯醉，这样既可不接受对方的请求，又可以给对方颜面。

一般人遇上这种情况，便不会再纠缠下去，找个台阶下就行了。但是李绂与众不同，他想要得到的东西，从来不曾失手，比如小时候志在考取进士，后来便梦想成真。

真是世上无难事，就怕有人心啊！

李绂请来了好友蔡珽。蔡珽是左都御史，是有名的铁嘴，而且与张廷玉的关系还不错，只要他出面说媒，没有成不了的事。

当蔡珽进入张府，还没在椅子上坐热，便向张廷玉直截了当地说明来意：李绂愿意把千金许配给你家公子张若霭。

张廷玉见好友作为正式媒人上门说媒，不好意思回绝，便举着茶杯喝了一口，然后放下茶杯，接着又举起茶杯喝了一口，如此来来回回。这确实为难了张廷玉，好在张廷玉也是老江湖了，他不说话，任你们有什么办法来缔结这门亲事。

蔡御史见张廷玉仅顾着喝茶，想见缝插针也难，便起身站定。张廷玉以为他要辞行，可蔡御史行礼后，高声说道："令公子张若霭是远近闻名的才子，而李绂家的千金，长得如花似玉，是百里挑一的好姑娘啊！"

张廷玉当然知道这位姑娘品貌兼优。但是下一句话，彻底让张廷玉的脆弱防线崩溃了。

"人家把姑娘培养长大，愿意嫁给你家，张大人有什么不满意吗？"

是啊，人家把姑娘培养成人，花了多少心血，心甘情愿要嫁过来，而自己却还在鸡蛋里挑骨头，即使挑也从姑娘身上挑不出问题啊。

张廷玉毕竟也是性情中人，脸一红，向前两步，向蔡御史鞠了一躬，当即表态，完全同意这门婚事。

就这样，李绂终于与张廷玉攀上了亲家，自己感觉离权力中心又近了一步。

儿女亲家在封建社会非同寻常，一荣俱荣，一衰俱衰，因此一旦建立就非常牢固。不少官员把自己的政治命运与亲家关系结合起来，大做文章，以达到权力最大化的目的。

小小的惩罚

李绂与张廷玉结为儿女亲家后，他的才能进一步得到雍正皇帝的赏识，其中的桥梁自然是张廷玉，当然，张廷玉也是实事求是汇报的。作为官员，特别是封建社会的官员，其才能、业绩要想让皇帝知晓是很难的，全国有那么多官员，皇上能知根知底的官员其实少之又少。

李绂的经历让人惊叹。其幼时，家中贫寒，环境艰苦，可他自幼聪颖，有神童之称，十岁便能写诗。康熙四十七年（1708 年），李绂夺得江西乡试第一名，次年便考取进士功名。

那天，李绂得到了一个好消息，他被提升为直隶总督，正一品。这让李绂有点儿飘飘然的感觉。

李绂上任要经过河南，而时任河南巡抚是田文镜。李绂对田文镜有一肚子的火，自己好友黄振国当初就是被田文镜参了一本才落马的。李绂自幼饱读诗书，对田文镜这类不是进士出身的官员，打心眼儿里是看不起的。

李绂也知道田文镜仗着自己是皇上的心腹，傲气有余，但是自己与皇上的第一红人张廷玉是亲家，想也不用怕他。李绂要巧施小计，进行试探，如果田文镜前来接待自己就算了；如果田文镜不来，那他就是藐视长官，可以参他一本，让他吃不了兜着走。

田文镜接到李总督的公函，不得不来接待李绂，虽然他深知李绂与张廷玉是儿女亲家，但是此人傲气十足，不具备一位好官员应有的谦虚谨慎。

酒席摆好，田文镜请李绂上座。李绂看也不看田文镜一眼，根本不把这位二品巡抚放在眼里。田文镜心里也不是滋味啊：老子与你仅相差一级，你的架子也太大了吧!

“田大人来河南快两年了吧？”李绂问。

田文镜对李绂已经很不满，听罢只是用鼻子哼了一声，表示确认，心想：你做直隶总督，我做河南巡抚，咱们井水不犯河水。

李绂见田文镜爱搭不理的样子，便摆出“官大一级压死人”的架子，说道：“本官既已在你的地盘上，倒要看看你能搞出什么名堂！”

这句话也太重了，田文镜听了当然不快，可对方若说是自己酒后失言，也没法讨说法啊。田文镜心想：老子从基层一步步爬上来，有文治的底子，有皇上看中我，不像你们读书人，个个浪得虚名，当官还要同科进士吹吹牛。

李绂见田文镜没有反驳自己，以为他被自己镇住了，便开始得寸进尺地说：“田巡抚，你没有能力，干不出什么政绩。你也不要怨我们读书人，有本事自己去考个进士。”

这让田文镜忍无可忍。田文镜反驳说：“本官是从基层实实在在干出来的，懂得民间疾苦，不像有些读书人，除了吟诗作对，还能做什么？只不过是挥霍朝廷的俸禄而已……”

李绂一听，气得哇哇大叫，用手指着田文镜说：“你胆子也太大了，作为巡抚竟敢这样对我说话，小心本官参你一本。”

田文镜也是半个读书人，知道自己的话也过分了，便赶忙低头向李绂赔罪，并说：“李大人与在下同朝为官，不要伤了和气，刚才是我酒后失言，还请见谅。”

这时，李绂也清醒了，田文镜虽然官职比自己低，却是皇帝的心腹，于是也顺势说道：“田大人，刚才本官也是酒后失言，还请你多担待。”

次日，李绂与田巡抚话别，匆匆离开。

田文镜受了这个羞辱，当然要报复李绂。很快，他的奏书便送到了雍正皇帝那里。雍正皇帝对田文镜是相当信任的，觉得这个李绂也太目空一切了，决定给他一点小小的惩罚，便将李绂降为工部侍郎。

釜底抽薪

张廷玉得知李绂被降为工部侍郎一职，非常吃惊，隐隐约约感觉有一只大手在操控这一切。张廷玉要尽快见到李绂，找这位未来的亲家好好谈一下，让他凡事要谨慎稳重，不可出现任何纰漏。然而此时皇上却召见他，张廷玉火速进宫。

雍正皇帝开门见山，直接问："张爱卿与李绂是不是儿女亲家？"

张廷玉愣了片刻说："回圣上，确实是儿女亲家。"

"李绂这个人嘛，你要与他少些来往啊！"

"微臣遵旨。"

晚霞下，张廷玉从皇宫出来，无心欣赏路边的鸟语花香，直奔府中。进了书房后，张廷玉苦苦思索皇上的意思，让自己少与李绂来往是什么意思呢？难道是让我解除儿女婚约？是的，必然是这档子事。

皇上是何等聪明之人，他是不会直接提出解除婚约的，许多话是要你自己领悟的。

张廷玉赶忙拿出一张白纸，拿毛笔蘸上墨汁，在白纸上挥下了龙飞凤舞的两个大字：解除。但是他马上将之划去。如果张廷玉此刻提出解除婚约，不要说舆论上十分不利，有人会说张廷玉势利、落井下石之类的话，张廷玉将背负背信弃义之名，就连自己这一关也过不了，因为这违反了做人讲诚信、讲义气的基本原则。

但是不解除婚约，雍正皇帝就不会再信任他，认为他与李绂沆瀣一气，说他不忠不义，他的前程将一片黑暗……

张廷玉站在园子中央，仰望苍天：我该怎么办啊？

鱼与熊掌，两者不可兼得。

张廷玉再次进入书房，拿起书，可怎么也看不进去。小华子请张廷玉去吃饭，请了几次，张廷玉都用一句话回答——不想吃。

小华子见主人不想吃饭，猜想一定是有重大问题。张大人饿着肚子不吃，谁来请也不管用。小华子想到了一个办法，他将张廷玉喜欢吃的红烧肉等几道菜搬进书房，放在张廷玉鼻子底下。他相信张大人闻到美食的香味，一定会抵挡不住诱惑。

张廷玉面对诸多美食，不再犹豫不决，决定先吃饱了再说。当张廷玉吃好了饭，小华子的一句话帮了李绂，让张廷玉心里的天平瞬间倒向李绂一边。小华子说："老爷，这肉是李绂大人派人送来的野猪肉。"

张廷玉吃了李绂送来的肉，头脑清醒了。俗话说，拿人家的手短，吃人家的嘴软。张廷玉不想解除儿女婚约，当然如果不解除，他可能会失去皇上的宠幸，成为普通的官员。

张廷玉为了儿女私情，要断送自己的美好前程。此时有一个人不同意，此人就是李绂。

李绂也是官场老手，得知皇上对自己有偏见，就如凳角上的鸡蛋，随时随地要滚落下来。而张廷玉如果是自己的儿女亲家，一是不能替自己说好话，因为亲属要回避；二是张廷玉也要遭遇皇上的疏远。解决这一系列问题，最好的方法便是釜底抽薪，双方解除儿女婚约。

张廷玉见李绂主动提出这个事情，说得也合情合理，让自己没有拒绝的理由，便当即表态，百分之百地同意李绂大人的意见！

娶妾祸事

下面说说雍正皇帝登基的主要功臣——隆科多。

隆科多家族势力非常大，他父亲佟国维地位极高，与康熙皇帝的关系说起来比较复杂。佟国维既是康熙皇帝的舅舅，又是康熙皇帝的岳父。隆科多与皇家的亲戚关系比较复杂，而雍正皇帝也落落大方，见到隆科多，也干脆利落地唤他一声舅舅。

康熙五十年（1711 年），康熙皇帝重用隆科多，授予他步军统领的重要职位。步军统领，俗称九门提督，负责维持京城的防卫和治安，权责重大，一直都由皇帝的满洲亲信大臣兼任。

后来隆科多在这个岗位上，帮助雍正皇帝坐上皇位，成为雍正皇帝的大恩人。雍正皇帝自然要感谢隆科多，没有他的鼎力支持，皇位落入谁手尚未可知。皇上给隆科多加官晋爵，官至吏部尚书，加太保，备极宠任，权力、地位无比之大。隆科多可以说风光无限，要风有风，要雨有雨。

隆科多非常喜欢女人，只要是他喜欢的，便要想方设法得到，就连自己的岳母级人物，也不放过。正是这种丧尽天良的行径，给他的失势埋下了祸根，也可以说他最终是栽在了女人手里。

隆科多的原配夫人是他的表妹，是他舅舅的女儿，这种近亲结婚在封建社会非常流行，这是“肥水不流外人田”的真实写照，双方主要是听从父母之命、媒妁之言。

隆科多结婚后的某一年，两口子去岳父家做客，隆科多看到岳父大人的小妾四儿，结果引发了震惊京城的趣事。四儿是岳父大人新近迎娶的小妾，隆科多应该叫他姨娘。这位四儿的年龄比隆科多小点儿，身材苗条，面如桃花，言谈举止更是得体大方，在隆科多眼里真是美如仙女，特别是那一双水汪汪的眼睛一眨一眨，竟被隆科多看呆了，恍若灵魂出窍。

这时，一旁的夫人狠狠捏了隆科多一把，隆科多才如梦方醒。

当天回府后，隆科多就一心惦记着美女四儿，晚上翻来覆去地睡不着。他的夫人知道情况不妙，夫君这是动起了姨娘的念头，违背伦理啊！

次日一早，隆科多便快马去了岳父家，向岳父提出了一个惊世骇俗的要求，娶岳父的小妾四儿为妻。

岳父惊慌失措，这、这、这……能行吗？岳父也是地方官员，全家仰仗隆科多家鼎力支持，过着滋润的小日子，但是女婿提出要娶自己的小妾为妻，这不让人耻笑啊？自己还有什么颜面见人啊？

岳父怕得罪女婿，不敢拒绝，但是岳父也是老江湖了，给隆科多出

了一道小难题。他说："你得回家征求你夫人的意见。"

隆科多点点头，认可了老丈人的建议。隆科多也是直爽之人，回家后便开门见山地对老婆说："我要娶一个小妾。"

在那个封建社会，男人娶个三妾四妻也正常。

隆科多的老婆闷闷不乐地起身，向丈夫瞅了一眼，便朝门口走去。隆科多见老婆一只脚快要跨出门槛了，便说："我要娶的女人，你认识。"

隆科多的老婆伫立在门口，头也不回地问："她是谁？"

"你父亲新娶的小妾四儿。"

隆科多的老婆听后，转身向隆科多走了三步，便突然"咣当"一声摔倒在地上。

隆科多赶忙请郎中给老婆看病。其实也没有什么大毛病，几天之后，她的身体就痊愈了。隆科多的老婆也是明理之人，她请了媒婆给隆科多说媒。说了几位姑娘，隆科多都只是摇头。媒婆急了，说："老爷都一把年纪了，娶个小妾还这般挑肥拣瘦，老娘还是头一次遇见。"

隆科多对夫人说："你不要为我操心了，我已经有意中人了！"

隆科多娶岳父的小妾为妾，肯定要被天下人耻笑的，因此夫人坚决反对这门婚事。她威胁隆科多，如果隆科多敢娶岳父的小妾为妻，她也丢不起这个颜面，就自杀了此薄命。

隆科多有点犯难了，夫人若真有个三长两短，实在对不起她。隆科多正准备放弃这门婚姻时，突然收到了一封来信，正是这封信让隆科多下定了决心要娶四儿。写信之人不是别人，正是隆科多朝思暮想的四儿。四儿说："自从你上门提婚后，家里人都认为是我勾引了你，非常瞧不起我。这日子算是没法过了，你若不娶我，我将以死来反抗。"

最后，隆科多克服娶妾之路的重重阻碍，终于迎娶了这位貌美如花的四儿。然而这场喜酒，终还是掺进了丧事。隆科多的夫人上吊自杀，用死亡给他敲响了悲天悯人的警钟。

为了娶小老婆，引起大老婆自杀身亡。这是隆科多一生的污点！

这件事后，最受伤害的人不是隆科多，而是他那年仅十岁的儿子岳阿兴。母亲的去世在他幼小的心灵留下了挥之不去的悲痛和仇恨。他向苍天默默祈祷，有朝一日一定要替自己的母亲报仇。

俗话说，君子报仇，十年不晚。岳阿兴算得上君子，因为恰好在第十年，他开始实施报复行动，让隆科多为自己的错误买单。

隆科多出局

十年过去了，母亲的惨死，岳阿兴历历在目。许多个夜晚，岳阿兴在被窝中咬着手臂，一排排牙印渗出血来，他的心也在滴血。岳阿兴就这样在痛苦和等待中慢慢长大。此时，他的父亲隆科多，官职越做越大，连皇上也十分尊重他。当官当到这个程度，半夜梦中也恐怕会笑醒的。

一般来说，官职越大，复仇的机会就越小。但是岳阿兴发现父亲官职越大，复仇的机会便越大，因为父亲以功臣自居，目中无人，飞扬跋扈，这些短板，使隆科多的人际关系不怎么样。最让岳阿兴兴奋的是，他掌握着父亲隆科多获罪的证据。只要将物证一出示，隆科多就可能把牢底坐穿。

另外，岳阿兴也嗅到了皇上对父亲隆科多不满的味道，因为隆科多居功自傲，擅权结党，已对雍正皇帝的皇权产生了不利影响。比如，隆科多自比诸葛亮，奏称“白帝城受命之日，即是死期已至之时”一语；又称康熙皇帝死时，他曾身带匕首以防不测；还有，隆科多曾自夸九门提督（步军统领）权力很大，自己一声令下便可以聚集两万兵马。这些话语多少暴露了隆科多拥立胤禛登上皇位的真相，自然为雍正皇帝所忌讳。实际上，当日畅春园的气氛必然是非常紧张的，步军统领所统辖的兵力也确实约有两万名官兵，而隆科多说他带匕首防身也情有可原。

岳阿兴虽然有举报证据，但是一直不敢出面举报父亲，万一让父亲提前知道，这一切就将前功尽弃，自己的小命也会堪忧。因此，岳阿兴学了勾践的那一招——卧薪尝胆。

功夫不负有心人，机会终于来了。

雍正五年（1727 年），隆科多被雍正皇帝派去与沙俄谈判双方的边境问题。隆科多能言善辩，在谈判桌上赢得主动权，谈得非常顺利，即将成功。此时，后院起火，儿子岳阿兴将他私藏皇上玉牒一事奏明圣上。雍正皇帝正对隆科多意见较大，见有人来举报，当然不放过这个机会，下旨逮捕隆科多，并遣其回京。俄方代表见清朝谈判的首席大臣被抓捕，非常吃惊，不清楚清朝皇帝葫芦里卖的是什么药。后来多方证实，才明白过来，原来对方犯罪了。

雍正皇帝对这个讨厌的舅舅，下手当然狠毒，派人抄家；同年十月，定隆科多四十一条大罪，幽禁于畅春园。

张廷玉得到隆科多被捕的消息后，面色发白，全身无力，这个消息像一根鱼刺卡在他的喉咙里。

但是张廷玉也仔细分析了隆科多的行径，感觉问题出在隆科多本人身上。近年来，隆科多居功自傲，广结官员，话语间不把皇上放在眼里。有几次，他向隆科多使眼色，让他说话谨慎些，但隆科多故意装作看不见。事后，张廷玉问他："你在皇上面前说话，太直截了当了。"隆科多竟"嘿嘿"一笑："怕什么啊，皇上是叫我舅舅的，哪个外甥会给舅舅穿小鞋？"

张廷玉见隆科多强词夺理，想继续劝告。隆科多看出了他的意思，却大手一挥地说道："张大人，我理解你的好意，请你不要说了。"

是啊，没有必要多说，隆科多的背景当真是太牛了。

隆科多虽然犯事儿，但是他毕竟是雍正皇帝的舅舅，如果处置太重了，传出去会不好听，也影响雍正皇帝的名声！

张廷玉曾为隆科多之事主动拜见雍正皇帝，见皇上的神情那么严肃，那时他便从中读出隆科多这次真的是在劫难逃。

是啊，隆科多干政太多，比如对朝廷官员任命的干预太多，出来混总是要还的。看来，雍正皇帝这次是铁了心要惩治隆科多。

张廷玉与隆科多的交情也不错。他跪拜在雍正皇帝面前说："圣上明察，隆科多不比年羹尧，至少没有图谋造反，恳请圣上看在佟氏家族三代效忠大清的份上，将其从轻发落。”

雍正皇帝见张廷玉是来求情的，便假装问道：“张爱卿为何求情啊？”

“隆科多大人现在犯罪事实清楚，但是以前确实是功臣，而且也是皇亲国戚，处罚重了，传出去对圣上也不利啊！”

雍正皇帝听后微微一笑，说道：“张爱卿提醒得很及时，朕暂且禁锢隆科多吧，撤销他的爵位，让他弟弟承袭他的爵位，并将举报人岳阿兴削职为民。”

过了几天，隆科多竟意外死去。虽然雍正皇帝未定隆科多的罪罚，但是他的死与雍正皇帝本人不无关系。雍正皇帝只要动动手指，隆科多便没有活下去的机会。隆科多死了，雍正皇帝终于松了一口气，仿佛从眼中拔出了一根钉子，自己可以高枕无忧了。

接下来，张廷玉生怕祸及自己，便更加尽心尽力地完成各项工作，从未越雷池半步。张廷玉自认皇上对自己还是比较满意的，上次自己患病，皇上还曾派出御医前来诊治，之后还屈驾看望自己。

在封建官场中，一言一行都可能招来杀身之祸，甚至满门抄斩、株连九族。为官之道，要谨言慎行！

第十一章　位极人臣

成立军机处

雍正七年（1729 年）春，西北传来军事急报：边境部落翻脸了！边境部落翻脸比翻书还快。他们曾经与清朝缔结和睦相处条约，现在却出尔反尔突袭大清边疆地区，烧杀抢掠无恶不作，边疆百姓纷纷逃难。大清地方官员前去理论，谁知对方首领根本不予理睬，其气焰非常嚣张。

于是，雍正皇帝立即召集群臣开会，商讨对策。

这次会议从早上开始，一直开到太阳落山，就是没有商量出一个结果。这让张廷玉很郁闷，明明一两个时辰的会，竟开了五个多时辰，而且还不能统一意见。张廷玉想建议提早结束会议，但是这也不妥当，会议是由皇上召集的，不能太不给皇上面子。

当然会议氛围好，开得十分热闹，大臣们纷纷出班，数落准噶尔部不知廉耻，竟然搞强盗抢劫的勾当；又数落其没有道德底线，主动撕破合约；还数落其作为小小的部落，却不知天高地厚，胆敢与大清王朝为敌。

面对群臣的振振有词，雍正皇帝义愤填膺。但是商议了整整一天，就是拿不出一套行动方案。雍正皇帝把目光紧紧盯住张廷玉。张廷玉不是不想研究方案，而是现在这种方式的会议不务实，他想改变这种形式，希望其他大臣出面提建议，但是其他大臣就是不提。这把张廷玉急得直冒冷汗。

眼看太阳已经下山。张廷玉见这样下去实在不行，便向皇上行礼说："皇上，今天会议时间有点儿长，还要继续开下去吗？"

雍正皇帝说："不拿出方案，今天不退朝。"

张廷玉说："皇上，研究方案的话，臣认为留下微臣、怡亲王、兵部尚书鄂尔泰和大学士蒋廷锡就可以了，其他人可以退朝。"

雍正皇帝向众大臣扫了一圈，群臣见张廷玉建议他们退朝回家，很是喜形于色。黑夜正慢慢袭来，有的大臣正探头探脑地向外张望。雍正皇帝见这群没心没肺的大臣如此，便大手一挥，说："除了张廷玉、怡亲王、鄂尔泰和蒋廷锡，其他人退朝。"

等其他大臣退朝后，雍正皇帝问道："张爱卿，你说说自己的方案吧！"

张廷玉说："回皇上，打击边境部落，最好的办法便是兵分两路。一路派宁远将军岳钟琪领兵西进，另一路由靖边大将军傅尔丹领兵北进。两路同时进攻，可一举捣毁敌方巢穴。"

雍正皇帝问道："张爱卿，刚才你为什么不说啊？"

"皇上，刚才人多嘴杂，微臣的建议可能会有异议。如果有异议，那样争议下去，就不知道什么时候是个头了。而且这个方案属于高度军事机密，知道的人越少越好。"

"张爱卿思路清晰、缜密，是我大清的福星。"

"微臣不敢，微臣还有一个建议。"

"快说吧。"

"微臣认为群臣在朝堂会商军事方案，弊多利少。微臣建议组建军机处，联络负责全国的军事问题。有了这个机构，以后军事问题便不用在朝堂之上议论，由这个机构会商后拿出方案，最后直接奏明皇上批准即可。"

之前，大清入主中原之后，军事问题都是交由议政王大臣来商议定夺的，后来则慢慢发展到朝堂之上会商决定。

雍正皇帝觉得张廷玉的建议非常正确，当即同意成立军机处，由怡亲王、张廷玉筹办。

在两位大臣的通力协作下，于皇宫保和殿西北侧隆宗门内找到一块好地方，作为军机处的办事场所。就这样，赫赫有名的军机处诞生了。

军机处的官员由雍正皇帝亲自遴选。当时能进入军机处是臣子的最高荣誉。第一批军机处大臣有怡亲王允祥、张廷玉、蒋廷锡和鄂尔泰。

军机处是大清军事机构改革的重要一步，为处理各类军事问题奠定了扎实的基础！

皇恩浩荡

自从军机处成立后，清廷的军事筹划效率显著提升。但是张廷玉却比以前辛苦多了，忙得团团转。

张廷玉一大把年纪了，每天上班很早，天还没亮就出门了。那时没有路灯，也没有手电筒，张廷玉打着灯笼前行，整天在南书房、军机处等地来回奔波。这要是不小心摔倒了，眼看就断了皇上的左膀右臂。雍正皇帝是赏罚分明的主子，决定给张廷玉物质上的奖励。他赏赐给张廷玉一处在紫禁城西安门外的房子，此地离军机处较近，方便上下班。

拿到了公家分配的房子，张廷玉受到众臣的羡慕。有了新房子，总得装修一番吧。但是张廷玉为官清廉，家里并不富裕，没有余钱装修。不过运气好了，做什么事情都顺，张廷玉正在愁肠百结思考何时装修宅院时，雍正皇帝替他想到了，赏赐给他黄金和白银各一千两。

张廷玉深知自从整治贪官污吏后，国库丰盈，但是赏赐如此大手大脚也不行啊。张廷玉向雍正皇帝上奏，请求收回圣命。

雍正皇帝从不乱花钱，钱都是用在刀刃上，他哪里容得张廷玉请愿，大声说："朕讲的话是不得更改的。"张廷玉是何等聪明之人，他也是在试探，见皇上是真心赏赐自己，便也知趣地收下了。

雍正八年（1730 年），张廷玉忙了两件大事：一是军机处的军务大事；二是开科取士。张廷玉再次担任殿试阅卷官，这次科考比较顺利。

雍正皇帝见张廷玉的作用非常大，决定再给张廷玉赏赐，这次是个大手笔——白银一万两。

面对这个大数字，有人害怕了，此人就是张廷玉。张廷玉胆子比较小，皇上给他万两白银，可不是能随便拿的。他拼命谢绝。这让满朝文武哭笑不得：他们想得到重赏，却没有；而张廷玉有了重赏，却不要。

天理何在？

雍正皇帝见张廷玉把头摇得跟拨浪鼓似的，觉得他非常可爱，于是轻轻地说："张大人，这笔奖赏，不是从国库划拨的。"

怡亲王听后，问道："圣上，那这么多的赏钱是从哪里来的呢？"

"是从内务府银两中拿出来的。"

"拿出这么多，皇室的开支可要大大节省了。"

"自从朕执政以来，皇室开支已大幅降低，便把省下来的金银赏给那些有功之臣。"

这时，张廷玉仍要继续推辞。怡亲王向他眨了眨眼睛，张廷玉心领神会，皇上是九五之尊，说过的话是金口玉言，如果自己一味拒绝，就会让皇上失去面子。

怎么办呢？

张廷玉思考片刻，当即谢主隆恩。因为一条完美的计划，已在他脑海中形成。张廷玉把这一万两白银分成四份：一是给弟弟张廷璐三千两，张廷璐是江苏学政，作为扶持江苏的文化教育事业，他还告诫弟弟，这是圣上的赏赐，要让受益人深感皇恩浩荡。二是拿出一千两捐献给桐城的一些鳏寡孤独，让桐城民间对皇上的非议和谩骂减少，赞美声增加。三是拿出四千两作为军需，表示臣子对国家军事的支持。至于剩下的两千两，用来托人在家乡置买田地，也对得起皇上的一片苦心。

张廷玉胆子小，怕拿了这么多钱招来大臣的反感、嫉妒。而皇上赏赐就是要求张廷玉继续效力、卖命。张廷玉这样做既减少了大臣的嫉恨，又维护了皇上的利益。

入宫金牌

张廷玉的官职越来越高，权力也越来越大，但是也有烦恼之事，比

如遇到紧急军情，有时禀报皇上会不及时。因为皇宫乃重地，即便身为大清第一大臣，进出也要办理相关手续，比如见皇上，要事先通报，待皇上召见才许你进入皇宫，这样便会经常耽搁军务。

进出皇宫持金牌可以免查，可金牌只有皇室子弟才有，一般外臣是没有资格拥有的。张廷玉曾经想，如果他持有金牌，工作效率会提升一倍。

雍正皇帝的心也比较细，见张廷玉公务繁重，便格外开恩，赐予汉臣张廷玉一道金牌。

那天半夜，张廷玉接到宁远将军岳钟琪一封十万火急的来信：清军在攻打敌方的一次战斗中，伤亡严重，请求朝廷速派援军。

在昏暗的星光下，张廷玉手持金牌直接进入皇宫，要面见皇上。张廷玉赶到乾清宫外时，已是子夜时分，皇宫早已宵禁，四下一片寂静。

张廷玉正要寻找内侍太监，突然一个打呼声响起，张廷玉过去查看，原来是内侍太监躺在寝宫门外的石阶上睡熟了。

张廷玉摇了摇太监的肩膀。太监见是张廷玉，赶忙戴正了帽子，双腿一软向张廷玉跪下求情，请求张大人隐瞒此事。因为值班太监睡觉，轻则扣薪水，重则是要杀头的。

张廷玉呵呵一笑，说："公公方才在值班啊，我未曾看到你偷懒。"

太监一笑，说："谢谢张大人，奴才马上进去禀报皇上。"

"不，不行！"

小太监傻傻地看着张大人，怎么也想不清楚：张大人明明要见皇上，可我要去禀报又不准，这葫芦里到底卖的是什么药啊？

"公公，进去看看皇上，如果皇上睡了，便等他醒了再禀报。"

过了一会儿，公公从里面出来，尖着声音说："张大人，皇上睡得很香，要不您先去执事房暂且歇息吧。"

谨小慎微的张廷玉说："微臣就在这里等候吧。"说完，张廷玉便跪在寝宫门口。这一跪就是三个多时辰。张廷玉正迷迷糊糊之时，小太监过来说："张大人，皇上已醒，传你觐见。"

张廷玉赶忙站起身，晃了三晃差点儿没摔跟头。雍正皇帝见张廷玉一脸的倦容，说道："张爱卿，你怎么跪了一宿啊？身体累垮，可怎么办？"

张廷玉眼睛湿漉漉地说："皇上，这是微臣职责所在啊！"

雍正皇帝面对这位忠实的大臣，做出了一个惊人的决定。他说："张爱卿，朕要把你的那道金牌收回来。"

金牌是荣誉和地位的象征，丢了是会遭其他人耻笑的。张廷玉马上说："皇上，微臣有什么失职之事？"

雍正皇帝说："你的失职比较大，朕不得不出来干预。"

张廷玉跪在地上，额头的汗淌了下来。张廷玉绞尽脑汁，怎么也想不到自己哪里做错了？

雍正皇帝说："因为张爱卿太爱岗敬业了。"

张廷玉一头雾水，这分明在表扬自己，可为什么要收走自己的金牌呢？

"朕怕张爱卿身体受罪，万一有个三长两短，朕于心不忍。"

原来皇上是关爱自己，张廷玉松了一口气。与人见人爱的金牌失之交臂，张廷玉感慨无限，但雍正皇帝也是讲情义的，他又赏赐给张廷玉一对皇家玛瑙。

雍正皇帝与张廷玉君臣二人惺惺相惜，一时羡煞朝野上下！

为子求名师

自从张廷玉当上内阁大学士后，在朝中地位如日中天，一言九鼎。许多官员主动要投靠其门下，张廷玉总是微微一笑，既没有拒绝，也不说接受，让这些饱读诗书的精英们真是丈二和尚摸不着头脑。其实道理非常简单，张廷玉是把这些人当成朋友，因为多个朋友多条路啊！

因此，张廷玉的口碑极好，很少有人向他射冷箭。

雍正十一年（1733 年）四月，雍正皇帝大病痊愈，为了感谢列祖列宗保佑，他带领皇室子弟去祭祀，以表达感激之情。于是，雍正皇帝将朝中的诸多事务托付给张廷玉、鄂尔泰两位大臣打理。

鄂尔泰与张廷玉，虽然都是朝中重臣，但两人的关系并不好。鄂尔泰是一个不好惹的主，他家庭背景高贵，文武双全、功勋卓著，在朝中威望极高，特别在大兴水利等方面，创立了张廷玉无法比拟的业绩。在能力方面，张廷玉一路从秘书干到宰相，官职比鄂尔泰高一点儿，但是在知人善用、带兵打仗等方面，都要逊色一些。

虽然鄂尔泰的能力、功勋都比张廷玉强，可张廷玉并不嫉贤妒能，反而偷偷在乐。这是为什么呢？这绝不是因为张廷玉心胸宽广，而是政治老手的张廷玉深谙一个道理，在官场他必须找到高手与自己保持权力平衡。这十年来，血淋淋的事件太多，每每想来，张廷玉就不寒而栗。比如因为权力失衡，年羹尧倒下来，隆科多被禁锢……如果朝中任凭他张廷玉一人独大，那这种局面无疑是一个非常危险的祸患。

张廷玉没有像鄂尔泰那样经常在外面主持工作，一个重要的原因是他要栽培一个人，此人就是他的儿子张若霭。在他的几个儿子中，张廷玉最喜欢的便是张若霭。张若霭聪明伶俐，具有读书、绘画的天赋。

张廷玉深深懂得一个道理，自己再有才能，再有钱财，再有出息，也跟子孙后代无关。如果让自己的儿子创建一番事业，将来儿子自己的事业壮大起来，那才是张廷玉最盼望和最开心的结果！

因此，张廷玉精心培养张若霭。张若霭也不负众望，年纪轻轻便夺得探花，一甲进士，全国第三名，很是厉害！

康熙五十二年（1713 年），张若霭出生在京城。张若霭不仅长得清秀，聪明好学，而且很听话，是个招大人喜欢的孩子。

张若霭七岁那年，开始喜欢上绘画，特别是山水、鸟兽之类的尤其喜欢。张廷玉一心想让儿子好好读书，将来考取功名。可张若霭的爱好，却使得他的父亲张廷玉有了一个重要发现，张若霭有可能会成为一位流芳百世的画家。

张廷玉经过认真思索，科学做出决定，既不能剥夺儿子的绘画爱好，又不能放松读圣贤书。张廷玉做事非常认真，同意儿子张若霭学画，便要给他寻得一位好老师。因为一流的老师有很大可能会培养出一流的学生。

张廷玉一打听，当时绘画技术水平最高者当属王原祁。王原祁，别号石师道人，是清初著名画家王时敏的长孙，其门下弟子多至百人，是“娄东画派”的实际领袖，现被召供奉内廷。

于是，张廷玉给王原祁写了一封信，并派小华子将信送了过去。信中的意思是自己的儿子希望拜他为师，希望他能收之为徒，让儿子在绘画之路上走得更远。

王原祁收到张大人要他收其子为徒的来信，根本没有兴致。这不是张廷玉为人不仁，也不是他为官差劲，而是这类官家子弟确实难教。如果你管严了，他会回家告状，自己吃不了兜着走；如果不严肃管教，任意发展，既害了学生，也会毁了自己的声誉。自古以来，官家子弟娇生惯养、不学无术，屡见不鲜。

张廷玉是当朝大官、皇上身边的红人，绝不能得罪。王原祁苦苦思索，但是又不想收这位高官之子为徒，可怎么办呢？

有办法了。王原祁给张廷玉大人写了洋洋洒洒的一封信，意思是“我”现在身体欠佳，没有精力带徒弟。王原祁也是滑头，这扇门绝不能关死，他在后面留下了尾巴。收徒之事，等我身体恢复后再说吧。

这样既拒绝了张大人，也给了张大人足够的面子。可见，王原祁的交际能力绝不比其画技差啊！

张廷玉看看王原祁的回信，知道王原祁虽然说话客气、漂亮，却不曾答应收徒。如果自己不执着，不用诚心，将很难打动他。

次日晨曦，张廷玉带上宝贝儿子张若霭上了马车，直奔王府。

王原祁见张廷玉亲自带儿子上门，可见对方诚心诚意之至，只是他还要进一步观察张若霭。张若霭见到王原祁，便赶忙上前一步，跪在地上行礼。

王原祁见这个孩子聪明伶俐，当然开心，但是还必须考考他。

王原祁指着园中树上的鸟儿，对张若霭说：“你画画那只鸟，我要看看你的基本功。”

鸟儿、花儿、草儿以及山水正是平时张若霭喜欢画的。当即，小张

若霭趴在地上画了起来。画好后，王原祈端详片刻，在大师眼里这幅画根本算不上画，但是他从中看到了画者的才气：此人精心调教，将来必是画界的大师人物！

王原祈说："令爱是可雕琢之人。过几天，等我身体好些了，便亲自去贵府给令爱讲学。"

张廷玉看了小张若霭一眼。小张若霭可真是个机灵鬼，马上向王原祈叩头行拜师大礼。

张若霭就这样拜了闻名遐迩的大画家王原祈为师。这是一个很高的起点。起点高，才有机会跑得远！

献上福瑞

雍正十二年（1734 年），张廷玉家里好事连连。儿子张若霭考中进士，取得探花；同时在绘画艺术上也突飞猛进，有了较深的造诣，王原祈师傅已同意他出山。雍正皇帝发现张廷玉工作确实辛苦，便批准他回老家桐城探亲。

张廷玉回到老家的第一件事情就是祭祖，向祖宗汇报他这么多年来所取得的业绩，他也确实给祖上争光了。这时，更有人前来帮忙，比如安徽巡抚见张廷玉回家祭祀，便匆匆忙忙地跑来协助。

张廷玉虽然回到千里之遥的老家桐城，但是他的心仍在京城，经常惦记着朝廷的事情。怎么才能在回乡祭祖期间替皇上、国家做点儿事情呢？

张廷玉想了好久，确实难办，自己暂居在安徽老家，能替朝廷办什么事？不过老江湖张廷玉经过仔细观察，得出了结论：能。

当他看到回家途中的百姓安居乐业、一派祥和的景象，他找到了答案，那就是让天下百姓安居乐业。这样，大家会感谢皇恩，而自己则会有更多的荣耀和受益。比如有的百姓慕名求见张廷玉，说朝廷好；有的百姓夹道欢迎张廷玉；甚至更多的百姓向他述说这几年来，朝廷减免赋税、大兴水利、赈灾等公益性事业。老百姓真真切切地得到实惠，也是他们喜欢张廷玉张大人的一个根本原因。

张廷玉将沿途所见所闻写成折子，要呈报给雍正皇帝。他相信皇上看到自己将天下治理得欣欣向荣，一定会备受鼓舞。

张若霭见父亲如此勤政，也想到一招妙棋，结果自己做的比他父亲还牛，他将百姓安居乐业的景象绘成一卷水墨画《大清子民乐居图》。张廷玉见过后竖起大拇指称赞。这次图文并茂的汇报方式，一定会受雍正皇帝的喜欢。

张廷玉从家乡回京后，没有先回府，而是直接进宫面圣。在金銮殿上，张廷玉行过君臣大礼后，向皇上呈上歌功颂德的折子。

雍正皇帝的眼睛笑得眯成一条线，欢心地说："张爱卿，你来了，朕就开心。"

张廷玉见有机会了，便立即献上巨幅长卷水墨画《大清子民乐居图》。他知道皇上也爱好书画，此图一呈，龙颜必然大悦。

然而皇上看了此画后，却皱紧眉头，眼中露出怒气，这把一向谨小慎微的张廷玉吓得大气也不敢出。皇上这是怎么了？紧张之余的张廷玉马上清静下来，快速回忆了一遍自己的言行，没有什么不妥当之处啊！那皇上为什么不悦呢？

皇上冰冷冷地说："此画是赝品吧？"

张廷玉被皇上如此突兀的话愣住了。

雍正皇帝又说："张爱卿，此画从何处得来？"

张廷玉转头看了一眼张若霭。只见儿子张若霭正抬起头，傻傻地看着张廷玉。

雍正皇帝说："此人模仿大家王原祈的手法，几乎可以乱真，好在朕曾研究过王原祈的画风，不然差点儿上当。"

这时，张若霭跪倒在地，行了礼后说："圣上，此画是微臣所作。"

雍正皇帝吃惊地注视着这个小伙子。

张若霭说："微臣是王原祈先生的弟子，学艺浅薄，东施效颦，让皇上失望了。"

张廷玉马上补充说："圣上，请恕罪。微臣在回来的路上，看到社

会和谐、百姓一派安居乐业的景象，心里按捺不住喜悦之情，便叫犬子将之画了下来，让皇上见笑了。”

雍正一听《大清子民乐居图》是王原祈的爱徒张若霭所画，心想：怪不得朕会误解，因为这画风和王原祈太像了。

雍正皇帝拿着张廷玉献给自己的祥瑞，心里高兴，呵呵大笑地说：“张爱卿，还是你了解朕。你回乡这几天，朕也在想你啊。”

张廷玉赶忙行礼，谢主隆恩。

说着，雍正皇帝把目光望向张若霭，说道：“小伙子，你绘画功底不错，差点儿把朕给糊弄过去。”

张若霭说：“微臣自幼跟随王先生习画，至今仅学得了王先生的一点皮毛，以后还要继续学习。”

张廷玉心道：若霭，只要你肯下苦功夫，将来的前途将无可限量！

张廷玉用子民安居乐业释义大清江山稳定，让雍正皇帝放宽心，可见他对大清朝和雍正皇帝的忠心耿耿。如此重臣，怎么会不讨皇上的喜欢呢？

第十二章　乾隆难“伺候”

雍正驾崩

雍正十三年（1735 年）春，雍正皇帝又病了。他刚吃过御医配的药，静静地躺在龙榻上闭目休息。雍正皇帝每次生病，过个十多天就会痊愈，可是这次很奇怪，病了足足半年多还没有丝毫好转的迹象。张廷玉天真地认为，雍正皇帝比自己小六岁，而自己却牙好、腿好、身体好，皇上应该也没事，离去阎罗殿报到还早着呢！但是过了中秋节，雍正皇帝的病情加重了。

雍正十三年八月二十三日（1735 年 10 月 8 日）深夜，天空中没有月光，只有几点小星星。突然，张府大门外响起急促、响亮的叩门声。之前从来没有如此响亮的敲门声，又是半夜，小华子有点儿火冒三丈，推开大门正要骂娘，可看到来者的样子，他惊呆了，原来是内侍太监来传皇上口谕，宣张廷玉立即进宫。

张廷玉骑着马往宫里赶，这大半夜皇上召见，宫里必定出了大事，是什么大事呢？张廷玉不敢多想。当张廷玉来到宫门前，大灯笼下，远远见到两位太监在翘首盼望。张廷玉跳下马，跟随一位年长的太监疾步往里走去。

进入皇帝寝宫，只见太医和太监乱成一团。张廷玉猜测这可能是要见皇上最后一面，他与这位皇上患难与共了十三年，结下了深厚的情谊。当看着雍正皇帝苍白消瘦的面容，张廷玉的眼睛湿润了。

宝亲王弘历、和亲王弘昼、庄亲王允禄、果亲王允礼和鄂尔泰等人陆续进来候命。

此时，雍正皇帝已经病入膏肓，神志不清，他无法向众臣打招呼。众臣悲痛万分，强忍泪水，全部跪在寝宫门外候着。

时间慢吞吞地前行，皇宫内寂静无声……

突然，一个尖着嗓子的太监叫道："大行皇上龙驭宾天了！"之后，宫门被缓缓打开，哭天抢地的声音涌现出来……哭喊声此起彼伏，一声压一声，仿佛在比赛谁哭喊声响，谁就对皇上忠心耿耿。

此刻有一个人没有哭泣，反而要制止大家，此人就是张廷玉。张廷玉是不是疯了？死了普通百姓，还要哭号几声，现在天下第一号人物皇上死了，你自己不哭也就算了，还不允许别人哭，天理何在？

张廷玉出手果断，快步上前，大声制止众人哭泣。众人向他投去了仇恨的目光。大家想：这个张廷玉的良心被狗吃了，平时雍正皇帝最信任你，最宠幸你，可在今天这个关键时候，你却制止大家哭泣。

张廷玉没有理会众人的怪异目光，高声说："我们现在最主要的不是悲痛，而是册立新君。"

众人细细一想，不得不钦佩张廷玉，怪不得他为当朝第一文臣，考虑得就是周到。姜还是老的辣！

"大行皇上应该有遗诏。遗诏在哪里？"张廷玉瞪着总管太监问。

总管太监说："大行皇上没有交代过，奴才也不知道啊？"

这可把张廷玉吓得够呛，皇上如果不立传位遗诏，那这么大的国家，让谁来管理呢？

众人也知道这是头等大事！于是，张廷玉说："当务之急，必须找到传位遗诏。"

内侍太监开始四处寻找……

张廷玉说："传位的诏书用黄纸固封，背后只写一个'封'字。"总管太监连连点头。

不久，众人终于找到了那道传位遗诏。

遗诏是由雍正皇帝亲笔书写的，内容非常明确：由皇四子宝亲王弘历继位，由庄亲王允禄、果亲王允礼、张廷玉和鄂尔泰四人为辅政大臣。

于是，众人向弘历跪拜行礼，高呼：“万岁，万岁，万万岁！”

然后众臣前来告辞。张廷玉也过去辞行。新皇弘历对张廷玉说：“好好干活儿！朕不要搞那套马屁功！”

张廷玉道：“微臣遵旨。”

张廷玉的心凉了半截。一个主子一本经，念好每一本经都难啊！

张廷玉，小心点，前面的道路不好走！

配享太庙

雍正皇帝的密旨除了传位之外，还念念不忘张廷玉等重臣。为了让张廷玉死后还服侍自己，雍正皇帝下了一道大清朝从未有过的旨意，让张廷玉、鄂尔泰死后配享太庙。

当张廷玉听到这道旨意后，激动得说不出话来，心想先帝走了还忘不了他。

张廷玉起奏说：“圣上，享受太庙是何等荣耀的待遇，微臣实在不配这个称号。”

张廷玉说完，鄂尔泰也接着说：“微臣的功勋和德操远远不够配享太庙。”

新皇帝弘历有点儿不悦：这分明是给朕出难题啊，我父皇临终前下了圣旨，现在要我收回成命，可怎么收啊？

张廷玉见弘历久久也没有回复，便再次恳求说，请圣上取消这个待遇。

弘历是一个小年轻儿，没有经历过大风大浪，当然不明白这些老顽固脑袋里在想什么。

弘历说：“这是先帝心意，你们不要推辞了。”

“还请圣上替先皇收回成命。”

每到论功行赏时，张廷玉就谦让，这是他的特点，之前每次谦让，总能得到雍正皇帝的肯定和欣赏。张廷玉嘴上虽然推三阻四，可心里却

美滋滋的，而雍正皇帝就喜欢这种风格。

而弘历眼中却闪过一丝怒火，心想：张廷玉做事婆婆妈妈，以前父皇忍了他十三年，真不容易啊，他有点儿同情父皇！

弘历脑子一转有了主意。他说："配享太庙是高规格待遇，大清朝还没有哪位大臣被赏赐过。就让果亲王、庄亲王回去翻翻典籍，看看历朝历代有无允许大臣配享太庙的先例。"

由此，张廷玉才感觉这个年轻人不简单，不按常理出牌，感觉自己有点儿不适应了。以前不管是康熙皇帝还是雍正皇帝，自己故意请辞三次，皇上不允，最后自己才接受。

张廷玉回到府上，心里不是滋味，自己服侍了康熙和雍正两代帝王，现在又要服侍康熙的孙子。从今天的事件中，他感觉这个孙子很难伺候。

张廷玉感觉到从未有过的劳累！

同时，弘历也单独召见了庄亲王，说："你一定要查到大臣配享太庙的先例，不然父皇死不瞑目。"

庄亲王说："臣一定照办！"

过了几天，庄亲王在金銮殿上起奏说："历史上，明太祖朱元璋曾下旨让李长善等七位功臣配享太庙。因此，先帝的遗愿，让张廷玉、鄂尔泰配享太庙，是有前朝先例的。"

死了进太庙，可以见到大清一代代的先皇，作为大臣的张廷玉当然愿意。可他现在却怎么也高兴不起来，自从与弘历交锋之后，他感觉自己苍老了许多。

张廷玉毕竟是大清三朝元老，他想尽快修复这层隔阂。张廷玉经过认真思考后，有了一个完美的方法。他相信只要这招使出，新皇弘历定会记住他的好。

当头一棒

次日，乾隆皇帝在金銮殿上举行继位大典，场面壮观，氛围浓厚。

文武大臣三呼万岁，向新皇表示自己的忠心。张廷玉望了一眼朝气蓬勃的乾隆皇帝，英俊潇洒，低头又看了看自己皱纹叠加的老手，油然而生一种苍凉。自己老了，在朝为官已三十余年，可现在却经常出现记忆力明显下降的情况，比如明天想办的事情，今天却忘记了，怎么想也想不起来。

新皇帝刚上马，自己与他没有交情，也没有私交，他对自己信任度也不高。当然张廷玉并不害怕，因为他深知人性的弱点，人都喜欢听好话，自己这一招使出，保管新皇帝对自己刮目相看。

张廷玉向乾隆行跪拜大礼，然后说："皇上，微臣有事启奏。"

"张爱卿，说吧！"

"微臣提议，将我们四位辅政大臣改为总理事务大臣。"

乾隆皇帝学识渊博又英明神武，当然明白张廷玉的苦心。这样一改，可以彰显乾隆皇帝独掌乾坤。

乾隆皇帝微微一笑，这一招儿正击中他的内心。此时，鄂尔泰不干了：你把皇帝赐封的辅政大臣名头作为人情白白送出去，你有没有考虑过我的感受。

鄂尔泰出班说："皇上，张大人的提议不合时议。先帝尸骨未寒，张大人就要求修改先帝的遗愿，不可。"

乾隆点了点头，问道："鄂爱卿，你说什么时候修改好呢？"

"三年之后。"

张廷玉见自己好不容易思考出的办法就要黄了，马上出班起奏说："皇上，这事非常重要，关系大清朝千年万载，请皇上择期圣决。"

张廷玉、鄂尔泰是朝中重臣，他们之间对弈之后，谁也不敢插嘴，因为这两位牛人，谁也得罪不起啊！

乾隆皇帝当然明白张廷玉有溜须拍马之意，准了他的奏折，以后这股风一定会盛行。虽然他喜欢听好话，但是有一点却让他恢复清醒：他是皇上，天下的权力都是他的，什么辅政大臣、总理大臣，还不是他一句话的事。是啊，自己真是差一点儿就上了老狐狸张廷玉的当。

于是，乾隆皇帝说："朕同意鄂爱卿的意见。"

张廷玉脸色发白，在朝堂之上，他的意见好像从来没有被皇上挡回来过。

乾隆皇帝说："张爱卿，你不会反对朕的意见吧？"

这一招儿很厉害，若张廷玉反对就是抗旨，要丢脑袋的；若赞成，脸面扫地啊。但是机灵的张廷玉当然懂得生命的重要性。

张廷玉连连说："微臣不敢，微臣遵旨！"

张廷玉纵横大清官场三十余载，内心从未如此失落过。这个孙子辈的皇帝一上台，便给他当头一棒，根本不考虑他的感受。

当然，张廷玉表面上当作一点儿事情也没有。他指示礼部成立临时治丧委员会，自己忙前忙后开始张罗雍正皇帝的丧事。

张廷玉，真正的挑战才刚刚开始！

张府庆寿

乾隆皇帝登基后，虽然没有像他父皇那样关照张廷玉，但是对张廷玉还是非常信任的。张廷玉身为三朝元老，高居权力中心，身上挂满各种职务。这时，乾隆皇帝又任命他一个重要职务，这个职务是众多大臣梦寐以求的，那就是皇子们的老师。

乾隆元年（1736 年）的重阳节是张廷玉六十五岁寿辰。张廷玉服侍了三朝皇上，处理了许多天下大事，他的脸上写满了沧桑。张廷玉有时感觉身心疲惫，真想好好休息一下。可他一心扑在工作上，从来没有庆祝过寿辰，他也很想庆祝自己的六十五岁大寿，但是这与他的为人风格完全两样。

亲朋好友得知张廷玉的大寿将至，纷纷提出要给他过寿辰。

张廷玉何尝不想呢？但是官场非常复杂，稍有不慎，便会家破人亡，自己数十年的心血也就白费了。张廷玉只得苦笑一下，说："只要我心情好，每天都在过寿辰。"

有些人见张廷玉婉拒，便对张若霭说："你父亲张廷玉为官辛苦，你作为儿子也要给他过一过大寿啊！"

张若霭说：“我父亲性格固执，数十年间，从未做过寿啊！”

“张大人为朝廷、为百姓作出重大贡献，我们理应给他带来更多的快乐啊。”

张若霭眺望着远方的湖面，脸上绽露笑容。

这一天，张若霭回到家后，就在书房闭门不出，也不愿吃饭。张廷玉见心爱的宝贝不出门，不吃饭，吓了一跳，马上敲门。

张廷玉问：“若霭，你怎么了？”

“父亲，过几天就是您的六十五岁大寿了，我要为您作一幅画。”

张廷玉感觉鼻子一酸，眼睛湿漉漉的。

“父亲，我们要为您六十五岁大寿庆祝一番。”

张廷玉脸色一沉，说道：“不必了。小心驶得万年船！”

张廷玉以为庆大寿一事会就此结束，然而下一个提议，却让他躲也躲不了。

这次提议办大寿之人是张廷玉的学生，也是乾隆皇帝的长子永璜。永璜说：“张老师，您六十五岁大寿之宴，我们一定要参加。”

张廷玉说：“殿下，微臣没打算过寿辰。”

“不行，您不过寿辰，就是我们这些学生的不孝啊！”

张廷玉一脸的尴尬，是答应不行，不答应也不行。

一旁的永琏说：“皇兄，张老师如果不答应，我们便请示皇阿玛，让皇阿玛下旨。”

永璜说：“皇弟，这是个好方法。”

张廷玉见这两位皇子如此执着，也就不再推脱，而且现在的皇子很可能是将来的皇上，他们如此好意，更不能惹他们不开心。

重阳节当晚，张府张灯结彩，热闹非凡。这是张廷玉六十五岁大寿，也是张廷玉第一次公开而隆重地过寿辰！

礼物陷阱

张廷玉要过寿辰这事让全家人开心。张若霭不解地找到父亲张廷

玉，问道："此前，您不过寿辰，就是怕收礼物，难道现在这个问题解决了？"

"为父想到了办法。"

"什么办法？"

"寿辰照过，礼物照收，只是我们将这些礼物送到内务府，上缴朝廷。"

"父亲高明，孩儿自愧不如。"

张府开始张灯结彩，府里府外贴着大红福字。此事也被乾隆皇帝知道了，当然这个精明的皇帝也不可能不知道。乾隆皇帝让御膳房给张廷玉烧了几道宫廷美食，并派专人送来。

这事传开后，不是张府热闹，而是整个京城为之震动。新皇帝给张廷玉祝贺寿辰，可见张廷玉在皇帝眼中的分量。

皇上祝寿，各级主要官员当然也要凑个热闹，不管与张廷玉认识的还是不认识的，贺礼纷至沓来。张若霭等人笑脸相迎，开心极了，而张廷玉的举止十分反常。正当大家沉醉在这份甜蜜、喜悦之中时，主角张廷玉却独自一人在内屋踱步，他愁眉苦脸地唉声叹气……

张若霭见父亲如此不悦，小心地问："父亲，皇上给您庆寿恩重如山，您老人家因何烦恼？"

张廷玉轻声说："这既是祝福，也是给我挖的大坑。"

"什么大坑、小坑？"

"过了大寿之日，你就知道了。"

张廷玉寿辰当晚，张府人山人海，皇子皇孙、各路官员和商人以及张廷玉的弟子前来祝贺。

夜晚如白昼一般，他们在张府欢庆了三天三夜。

张廷玉脸上带着笑容，热情好客，但内心却是痛苦的。知父莫如子，看懂张廷玉内心之人便是儿子张若霭。

张若霭说："父亲，您好像更老一些了？"

张廷玉瞪着他问："礼物收了多少？"

"现银两万四千六百两，珍珠、玉器、玛瑙、古玩字画不少于十万两纹银。”

张廷玉傻傻地站在窗前，不知所措。

张若霭说：“父亲，这个不用担心的，明天我把礼物全部交给内务府，皇上也不会怀疑父亲贪污或朋党之嫌。”

“可是收了这么多礼物，皇上会怎么想啊？”

普通臣子三年俸禄只是五十两银子，而这次送礼的官员每人送了至少上百两银子，多者上千两。这笔账不用查，明眼人就知道这是赃款。把银子缴上去，就是把这些朋友交到刑部，这是张廷玉最不想看到的事。但是收下礼物不上缴就是贪污，随时随地都可能有牢狱之灾。

收也不行，上缴也不行。这把张若霭吓得脸色发白，两腿颤抖。怎么办啊？

“为父有办法，就是要辛苦你了。”

“父亲，您说，孩儿不怕辛苦。”

“若霭，明天一早，你便按照送礼的名单，一家一家地退礼物。当然你一定要告诉人家，这份心意，我张廷玉领了，但是礼物绝不能收。”

“可各位王爷、阿哥们的礼物怎么办？”

“这个为父亲自登门退礼。”

张廷玉还是有两把刷子的，顷刻间将这个重大隐患化解，真是智勇双全！

张廷玉将礼物退回后，当晚便睡了一个安稳觉。

乾隆皇帝得知张廷玉退礼，龙颜不悦。乾隆皇帝本想，张廷玉是老臣，新帝的所作所为，难以让他口服心服。只要抓住了他的小辫子，想要怎么甩就怎么甩，现在却让张廷玉溜之大吉。

乾隆皇帝决定给张廷玉再来一招，看他怎么躲闪。他派太监小德子来到张府，传达皇上口谕：张廷玉既然办了大寿，怎么可以不收礼呢？礼物应当可以收，不然别人会认为朕管得严呢。

从表面来看，乾隆皇帝是一片好意，但是张廷玉听到后，却差点儿摔倒，这分明是皇上又一次考验他，稍有不慎，将身败名裂。

张廷玉对小德子说："请公公放心，微臣一定遵照圣上的旨意执行！"

送走了小德子，张若霭在厢房见到张廷玉。张若霭说："我们千辛万苦才将礼物退回，难道再去要回来吗？不行，这个脸面我丢不起。"

"为父何尝不是这样想啊？"

"那您为什么不去跟圣上明说啊？"

"难道跟圣上说，圣上会答应吗？幼稚！"

"那我们该怎么办？"

"这个我也不知道啊！"

自从小德子来过之后，张廷玉连续三个晚上夜不能寐，人消瘦了一圈。张廷玉知道，如果把退回的礼物再要回来，他丢不起这个人，以后将在官员眼里失去威信；如果不要回来，就是抗旨之罪，那可是要丢脑袋的。

张廷玉思前想后，这两条路他都不想选，但是他也想不出另外的办法。那天的一顿晚饭，却帮张廷玉找到了办法。

那天，小华子盛了满满一碗米饭递给张廷玉。若是以前，吃这些不在话下，但是这一天，张廷玉嫌饭多，要盛出来。

张廷玉吃了小小的几口饭，便放下了碗筷。

张若霭问："就吃这些，父亲能吃饱吗？"

"够了，够了。"

张若霭站了起来，说："父亲，孩儿有办法，可解决贺礼之事。"

"你说，你说。"

"我们去每户退礼的人家，要他们每人支付那天宴会的伙食费，这样既解决了圣上要求收礼一事，又能让众位大臣信服。"

张廷玉听后，拍了拍儿子的肩膀，说道："为父年纪大了，不如你们这些年轻人啊！"

乾隆皇帝得知张廷玉巧妙化解了自己的进攻，不得不佩服这个老家伙，但是他还是不放心。

官路并不平坦。张廷玉，前面迎接你的是一次次的考验！

塘栖御碑

乾隆皇帝坐上皇位后，相当重视政务，将朝廷事务处理得井井有条，足以显示他的政治才能。若干年之后，乾隆的皇位坐稳了，百姓安居乐业，天下人才济济，江山如画卷。

大家以为乾隆皇帝会非常满意，其实不然，乾隆皇帝也有遗憾，因为他孩时的一个心愿还未实现。这个愿望埋藏在他心底二十年，从未与人说起过。乾隆自小生活在北国，非常向往风景如画的江南，他的心愿是去一趟江南杭州。

那天，在金銮殿上，乾隆皇帝兴致勃勃地问众臣："朕想去江南，众位爱卿有何看法？"

大臣们见这是个千载难逢的拍马屁机会，便纷纷出班表示支持，大概意思是皇上御驾亲去江南，既可以视察民情，又可以考察官员，一举多得。

众臣说得乾隆皇帝全身舒坦。这时，乾隆皇帝看了一眼张廷玉，见他没有吱声，便点了张廷玉的名字，叫他说下看法。

张廷玉出班行礼，说道："皇上，此次江南之行，微臣认为暂且不妥。"

话音刚落，众位大臣便都吃惊地望着这位三朝元老。大臣们想，这个张大人糊涂了，这个时候怎么能泼冷水啊？也许是张大人年纪大了，不适应新情况。

乾隆皇帝一听此话，刚才兴致勃勃的雅兴一扫而光，不悦地盯着张廷玉，冷冰冰地问："张爱卿，你说说看，为什么不行呀？"

众人把目光齐刷刷地集中在张廷玉身上。

张廷玉像没有看见似的，不卑不亢地说道："皇上，微臣认为有三个理由。一是立即前去，不利于皇上的安全和生活等方面。此去路途遥远，交通工具、行走路线、住宿场所等，必须有一年以上的准备周期。二是朝中事务多，都要皇上拿主意。皇上去江南少则一个多月，多则两三个月，会影响处置国家大事。三是皇帝去地方，会增加地方官员的负担。地方官员自己不会生产银粮，这个负担最终会落在百姓身上。"

众臣刚才替张大人捏了一把汗，听到这一番话后，大家松了一口气。

乾隆皇帝本想好好教训一下张廷玉，见他说得头头是道，也不得不暗暗佩服这位张大人的机智、才能。

过了一个月，浙江等地上报，这一年水灾，百姓受到不同程度的损失。

乾隆皇帝面对百姓受灾的奏折，有点儿愁眉苦脸。张廷玉眼尖，早已猜到皇帝的真实想法。他跪拜在地，向皇帝奏明："江南现在受灾，皇上最好去视察江南，了解百姓的疾苦，也可让百姓感受皇恩浩荡。"

乾隆皇帝脸上露出笑容，心想这个张廷玉还算聪明，自己解开了自己的结，便故意问："我们应该赈济多少银粮？"

这道题难倒过许多大臣，因为灾民、受灾面积还没统计出来，怎么知道赈济多少。这分明是在有意为难张廷玉。

张廷玉在问题面前也不退缩，而是主动回击。张廷玉说："这次前去不用带赈灾银两和粮食。"

这句话，真是一石激起千层浪。众臣议论开了，这次张廷玉麻烦了，明明说是赈灾，却又不出银粮，让皇上怎么赈灾啊？皇上又不是魔术师，难道让皇上空手套白狼啊？

乾隆皇帝靠在龙椅上，手指点点龙桌追问道："不用银粮赈灾，那如何赈灾？朕还是头一次听说，还请张大人向朕详细解释解释。"

众臣都替张廷玉捏了一把汗。

张廷玉缓缓地说："皇上，不带赈灾银粮，不是说就不用银粮。"

"张爱卿，不带银粮的赈灾，如何做？朕想听，你说吧。"

"办法很简单，就是免除税款，这样比赈灾效果还要好。"

乾隆皇帝眼前一亮，这才懂得眼前的这位张大人不是沽名钓誉之辈，其才华着实让人钦佩啊，能在三朝为重臣，此人必有过人之处。怪不得皇祖父和皇父如此信任他。

乾隆皇帝笑逐颜开地说："张爱卿的办法很好，正是朕的真实想法啊！"

"皇上，免除浙江本年税款如何？"

"张爱卿，有话请直说！"

“浙江年年顺利完成税款，比安徽、江苏等地好多了。微臣想到这样既可以奖励浙江顺利缴纳税款，也可对拖欠税款的其他省份予以鞭策。”

“张爱卿，你的建议非常好。”

乾隆皇帝答应免税之后的几天，他自己也有了一些困惑，于是在南书房立即召见了张廷玉。

乾隆皇帝说“张爱卿啊，这次大概给浙江免除银粮多少？”

张廷玉说：“回禀圣上，一共三十万两。”

乾隆皇帝说：“三十万两也不是小数了，当然朕并不心疼这点儿钱，只是感觉有点儿不妥呀！”

“请圣上明示。”

“朕认为教育意义不大。老百姓根本不知道皇恩浩荡。”

是啊，当时没有电视、电话，更没有互联网，陆路交通又不便，要想提高全民的知晓程度确实难。

张廷玉说：“圣上考虑得周全，不过微臣也有解决这个难题的法子。”

乾隆皇帝听罢，站起身，满面笑容地问：“张爱卿，快、快说！”

“微臣认为，圣上下旨免去浙江本年度的税赋，只有地方官员们、富商地主们知晓，普通百姓难以知道。微臣的法子，不仅可以让广大百姓知道，而且还可让世世代代的百姓知道，这是圣上的圣明和恩泽。”

乾隆皇帝上前两步，拉着张廷玉的手说：“张爱卿，朕在认真听啊！”

“竖立一块御碑，让浙江百姓不要忘记圣上惠爱百姓。”

“非常好。张爱卿，你可真是朝廷栋梁也！”

这一次，君臣两人谈得非常投缘，基本确定了在御碑建立之后，乾隆皇上明察暗访之行。

接下来，乾隆皇帝下旨免去浙江本年度三十万两税银。

浙江巡抚雅尔哈善等官员当然感谢皇上，派人寻来一块大石头，在其上雕琢乾隆皇帝的圣旨，但遇到一个问题，那就是究竟把御碑放在哪个地方。

一批官员建议，将御碑放在巡抚衙门外面，每天可以牢记皇恩浩荡，这是对圣上的尊敬。另一批官员则说，御碑的意义是为了让广大百姓知道并传播皇上的恩泽，应该找一个四通八达能够传播信息的地方。

这让巡抚大人雅尔哈善为难至极。他立即想到自己的老师——张廷玉，马上给张廷玉写了一封信

张廷玉的回信非常简短，他完全支持第二种意见。

于是，雅尔哈善巡抚征询官员，御碑放在哪个地方合适？

官员们各抒己见，但是大多数官员提出御碑应立在杭州府仁和县塘栖镇。

塘栖镇是杭州府的北大门，北邻湖州府，水上交通发达，有四大米市，四十余个码头，经济蓬勃发展，民风淳朴……

于是，雅尔哈善亲自坐船来了一趟塘栖镇，并在运河之北几百米处，选定了御碑的安放之处。

此碑通高 5.45 米，宽 1.4 米，厚 0.8 米。路边设一块小碑子，上写“文官下轿，武官下马”。远远望去，御碑显得非常大气。

雅尔哈善等官员从轿子上下来，望着这块御碑如同皇上亲临。他严肃地向前迈了几步，带领众臣向御碑跪拜行礼。

御碑现在仍竖立在杭州塘栖。游人每每到塘栖，总得去浏览一番。

巧计斗鸟

乾隆皇帝要下江南，不少人认为他会有艳遇，如果你也这样想，那就大错特错了。乾隆皇帝看过许多书，深知“读万卷书，不如行万里路”的道理。当然，他也需要游玩，借此考察一下民情。

乾隆十六年（1751 年）末，乾隆皇帝坐上龙船，浩浩荡荡的船队行驶在大运河上，直奔杭州方向。当龙舟抵达杭北一个古镇，乾隆皇帝被眼前的美景惊呆了。大运河穿镇而过，一条条船儿如鱼儿似的川流不息。一座七孔石桥横跨大运河之上，沿河是古色古香的黑瓦粉墙老屋，人头攒聚，一派热闹景象。

乾隆皇帝问身边的浙江巡抚雅尔哈善：“这是哪里？”

雅尔哈善行礼回复说："皇上，这是塘栖，杭州府北面的一个古镇。"

乾隆皇帝说："塘栖？朕听说过，就是那个盛产枇杷之地。"

雅尔哈善说："皇上英明，塘栖有花果之地、鱼米之乡、丝绸之府之美誉。"

龙舟靠岸，乾隆皇帝在众臣的陪同下，视察新竖立的御碑。乾隆皇帝看到比自己还高大的御碑，非常满意。为了这个满意，雅尔哈善可是花费了许多个日日夜夜。

傍晚时分，乾隆皇帝到行宫休息。行宫建在广济桥西南面，雅尔哈善知道皇上要来，必须要有一个休息的场所，新建行宫已经来不及了，只得征用一处商会，经过改建，变成了皇帝的行宫。

乾隆皇帝步入行宫，下旨一概不见地方官员。

次日清晨，乾隆皇帝早早起来，换上平民衣服，带上太监小德子从偏门出去，他们直奔福王府。福王是南宋皇上的弟弟，因为皇上没有儿子，后来他的儿子便当上了皇帝。福王喜欢塘栖这块风水宝地，便在这里建了王府。

福王府虽然经过元、明两代的风风雨雨，整个建筑显得苍老、萧条，但是园林、楼宇一点儿也不逊色，还是当年那般精致、宏伟！

从福王府出来，乾隆皇帝说："小德子，朕看七孔石桥那边热闹，咱们去看看。"

小德子也没有行礼，只是连连点头。因为微服私访之前，乾隆约定二人不得以君臣相称。

他们来到桥边一家茶楼，见顾客济济一堂，两人信步进入。见靠窗的一个主位空着，可乾隆皇帝刚坐落，店小二便跑过来说："客官，使不得啊！"

乾隆皇帝奇怪了，老子龙椅坐腻了，想消停几天，这个椅子难道比龙椅还要贵重吗？

小德子忙问："你开门做生意，我们是顾客，有什么不妥啊？"

店小二忙说："这把椅子是镇上斗鸟公子哥包下的。"

小德子问："他是何人，很厉害吗？"

"是啊！这个斗鸟公子，每次比赛总是赢。前几天，有一位茶叶店老板还曾输得家破人亡。"

小德子正要呵斥他，乾隆皇帝向他使了个眼色，二人便悄然出了茶楼。

过了半个时辰，那位斗鸟公子便带着鸟来到店内。顾客都围观过去，看笼子中精神抖擞的大鸟。那只鸟也像英雄一样，仰起脖子，小眼珠转来转去。

斗鸟公子对鸟儿说："王子，你好几天都没有挑战者了。"

这时，乾隆皇帝带着小德子又进来了。不过，此时的乾隆皇帝手中却拎着一只鸟笼。

斗鸟公子看到后，说道："让它们来斗一场。"

"是明斗还是暗斗？"乾隆皇帝问。

"由你决定吧。"

"暗斗吧。"乾隆皇帝说。

暗斗就是把黑布拉下来挡住外面的光线，让鸟儿在笼里黑咕隆咚地拼杀。

于是，乾隆皇帝将笼子放在桌子中央，斗鸟公子将自己的鸟放进乾隆皇帝带来的笼子中。一会儿，里面便响起了打斗撕咬声，笼子晃动着。斗鸟公子脸上露出笑容，心想王子这次又给自己争光露脸了。

过了一炷香时间，笼子没有了动静，胜败已分。斗鸟公子掀起黑布，惊讶地发现自己的王子竟倒在血泊中，笼子中还飘散着几根王子的羽毛。

沮丧的斗鸟公子正要离开时，看到乾隆皇帝带来的"鸟"一下惊呆了。这哪是鸟啊，分明是一只大公鸡。

"你们作弊，怎么可以用公鸡啊？"

茶楼沸腾起来……

乾隆皇帝不愧是皇上。只见他镇定自如，轻轻地说："鸟就是鸡，鸡就是鸟。"

顾客本来对斗鸟公子不满，见这位贵人替大家出气，当然支持，他们便跟着起哄道："鸟就是鸡，鸡就是鸟……"

由此，"鸟就是鸡，鸡就是鸟"这句话，至今还在塘栖百姓中流传！

第十三章　晚年多磨难

如履薄冰

张廷玉与乾隆皇帝打了几年交道，领教了这位年轻皇帝的厉害。张廷玉本来做事就谨慎，这以后更要小心翼翼了。

那次，乾隆皇帝任命张廷玉为会试主考官。张廷玉格外小心，亲力亲为，将会试工作完成得井井有条。但是乾隆皇帝并不满意，甚至认为张廷玉做得不对。而张廷玉认为自己没有错。乾隆皇帝给张廷玉戴的帽子是“爱出风头”。原来张廷玉让自家一群侄儿回避会试，这遇上一般的皇上定会表扬一番，可乾隆皇帝却不是一般的皇上，经常不按常理出牌，他认为张廷玉是在作政治秀，在出风头。

乾隆皇帝也是聪明人，这次既没有明说，也没有批评张廷玉，而是在心里暗暗记下一笔。

会试结束后，乾隆皇帝奖励了许多官员，都是张廷玉手下，却唯独没有张廷玉。这让张廷玉非常难过，张某人为了这次会试，花了九牛二虎之力，还动员一群近亲回避，工作做得如此出色，皇上奖励了这么多大臣，就是没有自己这位主角，皇上明显对自己有成见。

张廷玉回府后，越想越生气，自己在会试中秉公办事，腰杆子挺直，却受到冷遇。他心说，自己伺候了你爷爷、你爸爸，都比较通情达理，但是现在伺候你这个“孙子皇帝”怎么这么难啊，感觉做事吃力不讨好，如果让你这个“孙子皇帝”无缘无故地欺负，自己还有什么颜面

在众臣中列为宰相。张廷玉决定有必要试探一下，看看这个“孙子皇帝”心里到底有没有他。

次日，张廷玉进宫面圣，行了君臣大礼后便直奔主题，说：“微臣已近古稀之年，最近精力不济，恳请圣上辞去几个兼职的差事，也给后生提供一些历练的机会。”

乾隆皇帝一听，脸往下一沉，可片刻后却微笑地说：“张爱卿，前段时间，你主考会试非常成功，眼下马上要进行殿试，请辞之事，以后再说吧。”

“微臣遵命。”

“在会试中，你回避的侄儿们肯定对你有埋怨吧？”乾隆问。

“微臣为了朝廷出力，不用管这些孩子。”张廷玉答道。

“哎，不行。这次朕要帮你的忙。试卷由朕亲自出题，你侄子们不用回避了，让他们直接参加殿试吧。”

张廷玉惊喜万分，这真是天上掉馅饼啊！让侄儿们不用笔试，便可直接进入殿试。

张廷玉谢恩后，直接往家赶，一路上鲜花盛开，张廷玉心情特别好。这次最大的收获不是侄儿们进入殿试，也不是没有批准请辞，而是他做了最勇敢的请辞，让乾隆皇帝明白他并不是贪权之人！

乾隆皇帝见张廷玉能守能攻，办事周道、仔细，遂慢慢对他另眼相看。但是乾隆皇帝是个喜欢“惹事”的主子，如果有几天太安稳，他就会全身不舒服。

张廷玉真是个人才型宰相，大大小小事情处理得妥当，让乾隆皇帝省心多了。但是乾隆皇帝是一位创新的皇帝，凡事总要挑三拣四。他深知每个人都有缺点，张廷玉能力强，廉政方面不一定没问题，他不相信每位大臣都廉洁奉公。

于是，乾隆皇帝决定从工程建设中检查一番。从古至今，最腐败的口子就是工程建设。从工程建设中最好能揪出几只老鼠，以此警醒世人。

一般来说，追查案件，都是保密的，但是乾隆皇帝完全不同。他把自己追查工程贪污腐败的想法告诉张廷玉，让张廷玉派人先自查。这正是乾隆皇帝的高明之处，全国这么多工程，查来查去需要好几年，既影响了他们的本职工作，又不一定能查出什么贪污腐败案件。

张廷玉深知手下这些官员，经过十年寒窗苦读考进官场。考中进士当官虽然很难，但是有一门课是免考的，那就是思想品德课。考上进士之人是不是思想品德高尚，这个难说，这事与当官没有什么关系。因此官员很杂，有品德高尚的，也有品德低劣的，参差不齐。

张廷玉接到乾隆皇帝谕旨，非常不放心，马上通知工部，要求他们自我检查，发现问题马上整改，如果被皇上查出来，丢官丢命皆有可能。

工部尚书接到这个通知后，吓得脸色发白，马上派人查漏补缺。他也是聪明之人，直接抓重点，就是要把大项目、大工程首先查清楚，不然让皇上追查出问题，大家吃不了兜着走。

工部将三年来的大工程仔细核查后，发现问题真不少，但是还来得及，可以补缺。这要感谢张廷玉提前通知，给了他们一个纠正的机会。

这年三月，皇上派出的调查组进入工部，工部的头头脑脑们一点儿也不担心，信心十足。然而事情的结果，却让他们连连叫苦，他们这才领教了乾隆皇帝的威力。

调查组按照乾隆皇帝的口谕，不查大项目，不查大工程。比如皇家灯会承建费用两万两银子，乾清宫装潢费用一万两千两银子，圆明园正门翻新费用八千两银子，这些统统都不用检查，而只查那些芝麻类的小项目、小工程。这让工部的头头脑脑们差点儿去撞墙，他们将大项目、大工程补全了，但是不查，反而查这些鸡零狗碎的小项目。

乾隆皇帝太狡猾了。

调查组效率很高，很快便查出一笔账有问题。修缮太庙的“庆成灯”总共开支了五百两银子。

乾隆皇帝找来张廷玉及工部尚书，扫了他们一眼，说：“朕视察太庙，发现只修缮了三十六盏灯，却要支出银子五百两，就是重新购买新灯也不需要这么多钱。”

张廷玉一听便傻眼了，赶紧跪在地上说："微臣失察，请圣上惩处。"

工部尚书两腿筛糠，扑通一声跪倒，说："微臣有渎职罪，请圣上开恩。"

乾隆皇帝问张廷玉如何处理此事。

张廷玉扫了一眼工部尚书，向皇上说："圣上，虚报银两虽然少，但是其罪不可以赦免，一定要彻查到底。"

乾隆皇帝听后却说："这次就免了吧。让他们把银子补上就行了。"

表面上，好像皇上在帮着张廷玉，可张廷玉心里最清楚，这个"孙子皇帝"，比他的爷爷、爸爸更难伺候，他不会这么简单处理的。

在回家的路上，张廷玉的心一直悬着，他感觉自己控制不了事态的进展，难道自己的官路快要走到尽头了？

张廷玉迈着沉重的脚步进入家门，重重地坐在靠椅上。张廷玉心事重重，越想越不对劲：乾隆如此精明强干之人，怎么对查出的案子不了了之呢？这里有阴谋，不是又在试探自己吧？自己该怎么办呢？

张廷玉面对这位新主人，感觉到了前所未有的挑战。张廷玉与康熙皇帝、雍正皇帝这些名君打交道可以说是驾轻就熟，可遇上乾隆皇帝这么个年轻人，他感觉自己难以把控事态，非常不适应。难道自己真的老了吗？

张廷玉站起身又坐下，坐下了又站起身。他深深知道自己不能一味等待，必须主动出击，让乾隆皇帝正确认识我张某人为朝廷尽心尽力，从不徇私枉法，从不懈怠工作。在百姓心目中，皇上一直都是一言九鼎的，可张廷玉深知皇上毕竟也是人，很多时候还是会改变主意的。

过了两天，张廷玉进宫面君，向乾隆皇帝汇报了前段时间的重点工作。张廷玉正在滔滔不绝之时，突然脸色发白，用手捂着嘴巴……乾隆皇帝见了，立即问："张爱卿，你怎么了？"

"牙痛。"

“虽言齿痛非大病，疼起来让人辗转反侧！”乾隆说。

“皇上，微臣对牙病不够重视，现在变严重了。”

“哎呀。”乾隆叹气道。

“牙病初发时，只要补上就行。”张廷玉说。

“现在是不是要拔掉牙齿？”乾隆皇帝问。

“何止拔牙，现在还影响微臣两侧的好牙齿，两侧牙齿也要拔掉。”张廷玉痛苦地说。

乾隆皇帝望着面前这位三朝元老，陷入深思。

张廷玉趁机说：“皇上，做事与对待牙齿一样，发现问题要从小制止，等它大了就要出大事。”

乾隆皇帝说：“前几天，我们查处工程腐败案，虽然小，但是如同你牙齿发病一样，后患无穷。”

张廷玉说：“皇上英明，这种虚报工程费用，欺瞒皇上意图蒙混过关，微臣认为要严查到底，并杀一儆百。”

乾隆皇帝微笑点头。

张廷玉继续说：“皇宫大小工程，小项目工部先预支，验收合格后再向内务府申请；大项目，最后由皇上钦定，内务府支付资金。各类工程要派出大臣不定期监理、审查。”

这正是乾隆想说的，却不知该如何表达出来。这次被张廷玉一语捅破，乾隆皇帝非常开心，对张廷玉终于放心，这位从爷爷手中传来的活宝，现在归自己使用，非常好使，一点儿也不显老啊！

其实乾隆皇帝哪里知道，这是张廷玉精心设计的一次汇报，牙病早已有之，只是在这里当成道具，将自己想要表达的内容清晰地讲了出来，又照顾了皇上的面子。

张廷玉看出乾隆皇帝的不满情绪，用一个小小的办法将这位高高在上的皇帝说得心服口服。在伴君如伴虎的那个年代，周旋在皇上身边，让皇上信任确实不易！

张廷玉真乃高人也！

朋党之争

朋党就是官僚集团，即一些官僚为了维护自己的利益，抱团组成团体，以党派或组织的形式，与其他党派展开斗争。同一党派内部为了共同的利益结成联盟，相互帮助、提携。

朋党对国家政治会产生很大的危害性，容易导致国家的分裂，甚至灭亡。因为朋党为了各自集团的利益，会置国家命运不顾，斗争激烈时，连皇帝也无可奈何。

大清国有没有朋党呢？不仅有，而且一直没有中断过。最有名的是年羹尧党、隆科多党……这些朋党对国家、社会危害比较大。张廷玉从政后，听从父亲张英的教诲，不管哪位大臣、王爷邀请参加党派或团体，他一律回绝，始终没有参加任何党派，这让张廷玉在皇上面前底气十足，而皇上就喜欢这类没有朋党背景的大臣。这正是张廷玉的高明之处，大臣的命运都掌握在皇上手中，你去参加朋党，还不如死心塌地跟着皇上干。

张廷玉历经康熙、雍正两朝，巧妙地回绝了各类朋党的拉拢。到了乾隆时期，却发生了戏剧性的变化，张廷玉这位最反对、最痛恨朋党的大臣，竟一不小心成为朋党中的一员，而且还是朋党的领袖。

当时，张廷玉虽然反对朋党，但是鄂尔泰大臣却喜欢结党营私。以鄂尔泰为首的朋党权势非常大，但是他们还嫌不够大，因为张廷玉还掌管着一些国家主要机构的事务。鄂尔泰的想法很简单，只要把张廷玉赶下台，世上就没有哪位大臣能与他比肩并坐，分庭抗礼。

鄂尔泰也是聪明能干之人，他要斗倒张廷玉，从来不亲自出马，让他手下出面，乱诽谤、告黑状，弹劾张廷玉。张廷玉面对弹劾，从不胆怯，总是理直气壮地奉陪到底。张廷玉做事谨慎，从没被人抓住过小辫子。

张廷玉面对“鄂党”的紧逼进攻，总能轻松化解。他也不想招惹官场是非，总绕着弯子与鄂尔泰拉开距离。但是鄂尔泰仗着自己是满族首席大臣，一直看不起汉人，当然也看不起汉臣。有时，鄂尔泰在大臣面前故意刁难张廷玉，张廷玉虽生气，却不报复，而是一笑了之。这让鄂尔泰有劲没处使。在张廷玉的字典中，旗鼓相当的大臣不能与之为敌。

由于鄂尔泰经常挑衅，汉臣们看不下去了，经常为张廷玉鸣不平，久而久之，以张廷玉为首的朋党产生。张廷玉的势力也很强大，四品以上在京中担任要职的，其中桐城张家就占了十五人。张廷玉的门生、文友张照官至刑部尚书，学生汪由敦官至内阁学士……

张、鄂两派第一次正面相争，是雍正十三年（1735 年），起因是鄂尔泰在“改土归流”中的一些蛮横做法，触动了贵州地区百姓的利益，从而引发当地动乱。鄂尔泰平时态度蛮横，看不起百姓，一旦百姓闹事，他便马上派人镇压，结果却是他看不上的这些人非常厉害，把他的军队打得落花流水。这就是骄兵必败的道理。雍正皇帝闻讯后，火气非常大，将鄂尔泰骂了个狗血淋头。

百姓造反，雍正皇帝一直都慎重对待，当即派出果亲王、皇四子、皇五子还有张廷玉，会同鄂尔泰负责事发地一切军政事务。在这个弹丸之地，派出如此多的高官，有点儿牛刀杀鸡的味道。

不满一个月，便平定了叛乱。

雍正皇帝下旨，令果亲王等王爷、大臣回京复命，对有功之臣进行封赏，同时任命刑部尚书张照前去贵州，加强中央对地方的监管。张照是张廷玉的心腹，平时见鄂尔泰对张大人没有礼貌，一派牛气哄哄的样子，很看不惯鄂尔泰。他想现在机会来了，只要找到鄂尔泰违法乱纪的证据，鄂尔泰便只有死路一条。

张照本想把自己的意见告诉张廷玉，但是张廷玉做事谨小慎微，即使同僚欺负他，他也不想与同僚为敌。在张廷玉的脑海中，多一个敌人就是多一个结。于是，张照打定心思要去扳倒鄂尔泰，但不能让张廷玉知道。可这个草率的决定，竟差点儿让张照去鬼门关报到。

张照抵达贵州，不管百姓死活，什么安抚、休养生息之事通通被他甩到脑后，要做的事情只有一件，那就是广泛收集鄂尔泰任云贵总督期间的违法乱纪证据。

张照到了贵州，走访州县衙门、地方乡绅，进行全方位的调查。功夫不负有心人！不久，张照取得了实质性的进展，他发现：云贵地区曾

爆发过多次起义，可鄂尔泰却隐匿不报。

同时，张照还搜集到“鄂党”要人张广泗的罪证，张广泗在出任贵州巡抚期间贪赃枉法。

张照拿到这些罪证后，彻夜难眠，终于可以给老师张廷玉出一口恶气了，只要将这个罪证送给皇上，鄂尔泰等一伙必然倒掉。这是扳倒鄂尔泰的最佳时机，过了这个村儿，可就没有那个店儿了。

当张照将客观、真实的罪证送到雍正皇帝那里，雍正皇帝却没有处置鄂尔泰、张广泗等人。许多年后，张照还是谅解皇上的，只怪自己运气不佳，因为当时雍正皇帝正躺在病榻上，奄奄一息。

乾隆皇帝继位后，当然也看到过张照的举报信，但是他是新帝，皇位还未坐稳，同时考虑到鄂尔泰功劳大，此事就此搁浅。

有一句俗语：如果不能把老虎打死，必然会被老虎吃掉。张照就是生动的事例。不久，张照黑色的日子到来，他治理下的贵州，百姓又叛乱了。张照派军队去打仗，自己为什么不去呢？他怕死啊。结果，张照的清军被打得哭天喊地、跪地求饶。乾隆皇帝十分气愤，即刻召回张照。鄂尔泰见机会来了，马上推荐张广泗去贵州平叛，张广泗文治武功都一流，又在贵州当过巡抚，懂得地方百姓的生活习惯，是最佳人选。乾隆皇帝便恩准了。

张照回京后，乾隆皇帝马上下旨将他抓捕入狱。

这是张、鄂两党首次交锋，鄂党取胜。

乾隆皇帝也看到了张、鄂两派之争。在朝堂之上，鄂尔泰建议以失职罪处死张照。张廷玉当然想救张照，但是要救他，手里也要有合适的牌可打。张廷玉经过反复思考，唯一可以救张照的牌就是置之死地而后生。

张廷玉向皇上上了一道折子，说张照妖言惑众，诬陷朝中大臣，理应处死。张廷玉这一招完全打乱了乾隆皇帝的计划，本来他想张廷玉一定会求情，现在他却要严肃处理张照。这说明张廷玉心里只有社稷，杀了张照事小，只是“张党”少了张照，鄂、张两派之间的力量就会失去平衡，“鄂党”要占据上风，这样对皇上不利。只有下面两派权力平衡，才能较好地统治这个王朝。

后来，张廷玉见鄂尔泰势力大，他又不喜欢党争，便主动提出辞职。乾隆皇帝当然不会同意，心想这张廷玉一走，权力将严重失衡，绝对不能让他走。

乾隆皇帝为了给张廷玉面子，主动提出释放张照，并官复原职，仍然做刑部尚书。

鄂尔泰身死

"鄂党"主要骨干仲永檀是山西监察御史，他见张廷玉那边的张照没有倒掉，并不意外，因为主帅张廷玉还在，张主帅必然要千方百计地营救。仲御史想法非常天真，要么不进攻，要进攻就是最大的目标。所谓擒贼先擒王，要扫荡张党，最好的办法便是把张廷玉拿下，就是将张党连根拔起。

张廷玉平时做事万分小心，要将张廷玉扳倒谈何容易。仲御史经过多方调查，终于抓到了张廷玉的把柄。

那是乾隆六年（1741 年）的春天，京城富翁俞君弼是石匠包头，传说他曾送给鄂善一万两银子。俞君弼死后，女婿许秉义为了得到岳父俞君弼的巨额遗产，设法巴结权贵，以求找到靠山。

俞富翁的丧事办得隆重，仲永檀御史发现不少重量级人物出场，文华殿大学士兼礼部尚书赵国麟派人送帖子给许秉义，同时也发现张廷玉也派人送了帖子给许秉义。仲永檀兴奋极了，这么多年下来，从来没有抓住过张廷玉的小辫子，现在终于发现了，能抓住张廷玉这只老狐狸的把柄，真是祖宗保佑。

仲永檀在奏折中提出两个尖锐的问题，一是一个不起眼的石匠为什么会有那么多银子？二是朝中大臣张廷玉为什么要去吊丧？

张党见势不妙，为改变不利局面，便派出张廷玉的学生吴士功向"鄂党"发动进攻，弹劾湖广总督、"鄂党"的主力史贻直五大罪状。

这下子，乾隆皇帝头大了，他厌倦两党争来斗去的局面，希望双方

早点儿平息争斗。乾隆皇帝故意将吴士功的折子压下来。但是有一件奇怪的事情发生了，乾隆皇帝即便压下了折子，大臣们仍旧议论纷纷，断定史贻直必然被斩首，是死有余辜。

鄂党立即向乾隆皇帝举报，皇上压下折子，但是朝野广泛议论，说明有人将此事泄露了出去，泄密之人在皇上身边，而且官职很大，与举报人有千丝万缕的关系。众人含沙射影地将矛头指向张廷玉。

乾隆皇帝深知这两个案件不妥善处理，必将引起朝政不稳。乾隆皇帝派出和亲王弘昼、怡亲王弘晓、鄂尔泰、张廷玉等人首先一起会审鄂善受贿案。

鄂善不是“鄂党”，也不是“张党”，但是他收受银子属实，不是一万两，而是三千两。于是，乾隆皇帝赐他在狱中自尽。虽然张廷玉没有收受贿赂，但是派人送了帖子，造成了不良影响，虽不是犯罪，却影响恶劣，不过平安过关。

接下来，张廷玉的学生吴士功状告仲永檀诬陷朝中重臣，理应从重判罚。

正当张派之人要看好戏时，乾隆皇帝做出惊人决定，不但没有法办仲永檀，反而升任他为左副都御史。

这下，真正的好戏开锣了！

张照被释放出来后，仍然担任刑部尚书。张照气量小，这段时间在监牢里尝尽了苦头，对鄂尔泰可以说是恨之入骨。

张照虽然打仗不行，但是查案还是一流的。当他得知仲永檀诬陷张廷玉故意泄露国家机密，这让张照非常愤懑。张廷玉恩师不是这种人，而且他与张老师对接过，张老师绝对不会泄密的。

泄密绝不是儿戏，搞不好是要丢脑袋的。张廷玉心情十分郁闷，自己为官数十载，看到的机密太多了，从未泄露半个字。

既然此事已公开，乾隆皇帝即便想睁一只眼闭一只眼地袒护史贻直，也已经办不到了。

张照要查出谁是泄密者，真是大海里捞针，这么多人知道这档事，而且泄密者不会主动来认账，去哪里找啊？

面对如此艰巨的任务，张照并不气馁。他首先从“张党”内部查起，发现真的没人泄密，那只剩下皇上和仲永檀及身边的人了。皇上当然可以排除，而仲永檀及身边人的泄密证据，确实难找啊。仲御史及身边的人又不是傻子，不会主动向刑部尚书投案自首。

张照此刻才知道仅凭一腔热血办事是不行的，必须要动脑筋。当然张照这方面的鬼点子还是有的，他将目光锁在了仲御史家的管家身上。张照获悉此人经常去青楼找小姐。

那天，张尚书知道仲管家进了青楼，便命令手下将仲管家擒拿，并将他的内衣、外衣都脱了下来。张照做事真绝！仲管家开始嘴巴还硬，不愿供出仲御史的坏事，但是不交代，赤身裸体的他也没法出门。如果出了门，仲御史的脸便丢尽了，不会饶过他。当然交代了事情，仲御史也不会放他一马。两种选择都要得罪仲御史，最后仲管家朝南一拜说，老爷，小的也没办法了。就这样，赤裸着身体的仲管家将事情明明白白地交代清楚了。

原来这位泄密者并不是别人，正是仲永檀御史，好家伙，真是贼喊捉贼。仲永檀将上奏的疏稿故意泄露给鄂尔泰的儿子鄂容安，然而由鄂容安透露出来。

乾隆皇帝听完张照的起奏后，极为愤怒。上次仲永檀知错了，朕也原谅他了，让他改进，想不到他胆大包天，敢“贼喊捉贼”陷害朝中大臣，便马上将他关进牢房，同时把鄂容安逐出南书房，不再侍奉皇上。

乾隆对鄂尔泰严厉斥责一顿。这次事件对鄂尔泰打击还是挺大的，鄂尔泰闷闷不乐，于乾隆十年（1745 年）冬天，撒手归西，终年六十六岁。可其身后待遇却非常高，死后配享太庙。

鄂尔泰死了，两党之争便渐渐地偃旗息鼓了！

坚决请辞

乾隆十一年（1746 年）冬天，对张廷玉来说如同晴天霹雳，他挚爱的儿子张若霭撒手归西。当时张若霭已官至礼部尚书，而且他在绘画

艺术上也达到了一个新的高峰。他的画作《岁寒三友》成为乾隆皇帝最喜欢的作品之一。张廷玉在官场可以说是要风有风，要雨有雨，但是面对儿子的突然病逝，张廷玉感觉到生命如此脆弱和无助。张若霭走完了人生短短的三十三年，便英年早逝。此时的张廷玉已经七十五岁，当真是白发人送黑发人。张廷玉身体也不是很好，他知道自己在这个世上所剩下的时间不多了，如果能换下儿子的命，他真想去换。

失去了宝贝儿子，张廷玉才明白死神其实离自己很近。他的性格大变，以前谨小慎微，现在胆子特大，也不避嫌自己是朋党魁首。鄂尔泰死后，他权倾朝野，前来投奔至其门下的官员比蚂蚁还多，想赶都赶不跑。

乾隆皇帝是位能干的皇帝，他决定任命一位满族官员来压制张廷玉，此人就是讷亲。讷亲的政治背景够硬，他的爷爷遏必隆是大清名臣，他的两个姑妈都是康熙皇帝的老婆。

张廷玉想讷亲只是一个毛头小伙儿，仅靠亲戚关系不断升官，他没有显赫功绩，能力更没法与自己相比。

然而让张廷玉意料之外的事情发生了，讷亲被任命为首席军机大臣，官职排在自己前面。张廷玉感觉非常委屈：自己辛辛苦苦、勤勤恳恳替大清卖命大半辈子，现在一个毛头小伙儿竟在自己面前指手画脚。

张廷玉想来想去想不通啊！想不通，怎么办？张廷玉使起了小孩子脾气，向乾隆皇帝写了一份辞呈。

乾隆皇帝当然没有答应，但也没有反对，就当没收到辞呈一样。这把张廷玉急得不行。张廷玉此刻心想，在这里受小年轻的气，还不如早点儿回桐城老家。

在张廷玉的再三请辞下，乾隆皇帝做出了一个让张廷玉万万也没有料到的决定，批准了他的辞呈，却不让他回老家。也就是说，同意他辞去军机大臣之职，不用在军机处上班，但其他职务保留，不准回老家。从此，张廷玉远离了大清的军事权力中心。

过了几天，张廷玉上朝，又提出想要辞官回老家桐城。可是，张廷玉的一句话惹怒了乾隆皇帝。

张廷玉说："明朝时是允许配享太庙的大臣回家终老的，例如朱元璋就曾允准刘伯温归田园终老。"

乾隆皇帝当然知道这段历史，刘伯温归老田园，那是朱元璋加害于他。乾隆皇帝心想：是不是这个张廷玉大权旁落后，没有人依附他，心中愤懑，便把朕比作那薄情寡义的朱元璋，担心自己对他下黑手，实在可恶！

乾隆皇帝一针见血地说："真正忠君爱国的臣子，不论在什么情况下，都会从一而终！"

张廷玉听罢，跪在地上，像个小孩一样，取下顶戴，忍不住哭泣起来。

望着张廷玉那满眼的老泪，乾隆皇帝非常满意，心想这次对张廷玉的教育到位了，他应该知错了，会死心塌地跟朕做事的。

雍正皇帝虽然阴狠善谋，脾气也蛮横暴躁，却与张廷玉正好互补，君臣关系很好。乾隆皇帝虽然聪明，但与张廷玉却格格不入。乾隆皇帝虽然知道满族大臣有不少毛病，有的心狠手辣，却认为汉臣心眼儿多，居心叵测，凡事太过于算计。乾隆皇帝在骨子里也是排斥汉臣的。

张廷玉在官场干了五十年，已经腻烦了，他想辞官，但是上次被乾隆皇帝拒绝后，他也在等一个合适的时机再提辞官一事。

可接下来的时间，张廷玉根本没有机会了，因为乾隆皇帝的老婆孝贤皇后病重，乾隆皇帝经常过去照顾，那时的乾隆皇帝非常难过，根本没有心情打理朝政，更甭提张廷玉的请辞之事。

后来，孝贤皇后在乾隆皇帝的眼皮子底下病逝，这让他痛苦万分，他可以掌控天下，却不能挽救自己心爱的皇后。乾隆皇帝很沮丧，脾气变得暴戾阴狠。

乾隆皇帝对众臣的态度发生了根本转变，最初他秉持以礼相待，现在则把众多大臣当成家奴使唤，动辄痛骂训斥，肆意折辱。

如此形势下，张廷玉虽然要辞官，但是打死他也不会主动提出。不提出辞官，乾隆皇帝会让他致仕吗？在张廷玉的法典中，行。张廷玉

想，不用自己提出辞官，乾隆皇帝也会乖乖地让自己致仕的。

张廷玉有什么办法呢？其实很简单，当张廷玉变得不再是本人时，他的目的也就差不多达到了。

那天，张廷玉上朝，走路颤颤巍巍，嘴巴空荡荡，明显是牙齿光荣下岗了，身体大不如从前，分明是一个风烛残年的老人。

乾隆皇帝问："张爱卿，今年多大岁数了？"

张廷玉竖起耳朵问："皇上，您说什么啊？"

众臣捂住嘴巴在笑，乾隆皇帝也忍不住笑了，说："张爱卿多大岁数了？"

"皇上，微臣进京为官五十载了。"

小德子机灵，跑过来在张廷玉耳边说："皇上问你多大岁数了？"

张廷玉说："回皇上，微臣今年八十岁了。"

乾隆皇帝见张廷玉思维反应迟钝，前言不搭后语……以前乾隆皇帝心中那个才华横溢、思路敏捷、足智多谋的张廷玉，现在已变成这个样子了，还是放他归隐家园吧！这样于朝廷、于自己名声都有好处。

因此，乾隆皇帝特准张廷玉荣归故里，享田园之趣，于明年开春上路。

乾隆皇帝还用抒情的笔调展望了十年后的君臣情义，"朕五十大寿的时候，大学士就快九十了，一叶扁舟从天边来，张爱卿就像南极翁手执拂尘觐见。"

姜毕竟还是老的辣，张廷玉巧施妙招，终于可以安稳地归隐家园了！

身犯大忌

不久，史贻直闪亮登场。史贻直与张廷玉为同年进士，他前期仕途不顺，攀附在鄂尔泰门下，现在他成为新党的领导人。

自从乾隆皇帝同意张廷玉配享太庙并辞官荣归故里后，史贻直便多次在朝野扬言，说张廷玉的政绩没法与鄂尔泰相媲美，根本没有资格配享太庙。

史贻直鼓动皇上取消张廷玉配享太庙资格。张廷玉的情报系统还是很强大的，他迅速获知信息。张廷玉开始还能忍住，但是史贻直说到张廷玉还归山林终老，怎么还配享太庙，此话正说到张廷玉的要害上。一旦皇上相信此话，张廷玉岂不是比窦娥还冤？配享太庙是臣子的最高荣誉，是张廷玉含辛茹苦工作五十年取得的。你这小人用谗言蛊惑，说不准皇上哪天不开心了，真的信了可怎么办？张廷玉思前想后，最直接的办法是进宫面君，让皇上明确下旨，这样就可以像拿到一张保证书一样安心。

隆冬的北京寒冷异常，张廷玉在儿子的搀扶下，步履蹒跚地进入内廷，跪在乾隆皇帝面前，恳求皇上对他配享太庙做出明确指示。

乾隆皇帝见张廷玉来讨待遇，心里不爽：你这人的胆子也太大了，朕从来没说不准你配享太庙，而你现在的这个做法，分明就是在担心朕失信于你。乾隆皇帝平生最讨厌臣子向他谈条件，如果每位臣子都如此效仿，那他这个皇上还怎么干？

可当他看到张廷玉的那副老态龙钟的样子时，乾隆皇帝的心软了，既然恩准他还乡终老，那么送佛就送到西，免得后世笑话。乾隆皇帝当即作诗一首答应了他的要求。张廷玉抚摸着诗文，激动极了，老脸如菊花一般盛开。

就这样，张廷玉终于拿到了自己死后配享太庙的保证书。这张保证书的真正意义在于，只要大清皇朝还存，张家子子孙孙都可以凭此增光添彩，意义很大。

第二天，张廷玉应该亲自进宫面君谢恩，可他想自己年纪大了，乾隆皇帝不会计较这等小事吧，便决定让儿子代替自己进宫面圣谢恩。

乾隆皇帝见是张廷玉儿子来谢恩，心里不舒服了：给了你张廷玉如此高的待遇，你却不亲自来谢恩，胆子也太大了。

乾隆皇帝非常生气地对军机大臣汪由敦说："拟旨，让张廷玉'明日回奏'。"

军机大臣汪由敦是张廷玉的门生，他看出乾隆皇帝不悦，便马上差

人去张府报信。

张廷玉得知后，吓蒙了，作出了一个错误决定，当即进宫面君谢恩。

当乾隆皇帝见到张廷玉前来，却没有一丝笑容，反而非常愤怒。这让张廷玉懵了：不来亲自谢恩，皇上不悦；亲自来了，他又发怒。这是什么道理？乾隆皇帝开始骂人，这一骂，张廷玉才知道问题出在哪里。

乾隆臭骂道："张廷玉，你神通广大啊，朕的圣谕还没有发出来，你却提前来了，你怎么知道'明日回奏'的？"

张廷玉此刻才清醒过来，他犯了大忌，这是结党营私中的通风报信。虽然自己一直小心经营，这次却捅了大娄子。乾隆皇帝如果下手猛一点儿，那么与张家有关的臣子便都要丢官削爵或者坐大牢了。

张廷玉面对错误反而冷静下来，他赶忙向乾隆皇帝认错。这时，乾隆皇帝的怒气也消了很多，于是仅是从轻处理，削去张廷玉配享太庙的国家级荣誉，以示惩处！

死后荣宠

张廷玉牢牢记住乾隆旨意"明春回乡"，到了次年春暖花开之际，张廷玉已经把家什收拾妥当，该变卖的变卖，该送人的送人，该带回老家的带回。张廷玉即将起程时，一件意外事情发生了，乾隆皇帝的长子永璜突然病逝。这下，张廷玉走不了了，他是永璜的老师，两人有着师生情谊。

张廷玉参加了皇子的丧礼，又熬过了七天，也就是初祭。张廷玉归心似箭，决定向皇上递折子回老家。

乾隆皇帝收到张廷玉的折子，火冒三丈，将折子扔了出去，心想：皇长子才过了初祭，丧服未脱，你身为皇长子的老师却要南返，一点儿情分也不顾，可见你对大清皇室并非忠心耿耿。

乾隆皇帝下旨痛批张廷玉，说他对皇室毫无情义，配不上忠臣二字，还说他文治武功方面毫无建树，只是一个会写公文的秘书……

张廷玉见乾隆皇帝如此数落自己，知道这次真的犯了老糊涂，把皇上得罪了。如果他的儿子张若霭不死，他的心情也不会这样，就不会犯这种低级错误了。

正当张廷玉苦苦思考对策之时，一个坏信息传来。张家的亲家朱荃，当时的四川学政，出事了。御史储磷趾参了朱荃一本，说他与吕留良一案有关系。

乾隆皇帝正要找张廷玉的碴儿，就像正想睡觉时有人送来枕头，当然称心。张廷玉年纪虽大，可经验却丰富，他马上向皇上写忏悔书，要挽回局面。他说不知道朱荃是这种人，现在非常后悔，愧对皇恩，眼下酿成大错，老臣也无话可说，只求皇上将老臣惩处。张廷玉是公众人物，乾隆皇帝故意把折子交给众臣公议，以示公正。

这下子，张廷玉终于要倒了。树倒猢狲散，众臣一致认为张廷玉犯了严重错误，建议革职查处，交刑部处理。

此时，乾隆皇帝摆出一副仁君的姿态，传旨布告天下，赦免张廷玉的罪状，同时斥责张廷玉，说不能鞠躬尽瘁，只会结党营私，降旨罚张廷玉白银一万五千两，并追缴以前赏赐的各种物品。这一招够毒辣的，把他以前给皇上打工的工资和赏赐品收缴，让张廷玉一生白忙活了。

乾隆皇帝的绝招还在后面，他下旨查抄张府，派出心腹内务府大臣德保搜查。德保带了十多个大内侍卫以及一百多名兵勇，以查找遗漏皇家赏赐为名，将张府翻箱倒柜，就连地板也给掀了，可也没有找到一丝贪污受贿的钱财。德保只搜查到一些张廷玉的文章、书信、便条，这正是乾隆皇帝要找的宝贝，只要上面有只言片语对皇室的不敬，张家便永世不得翻身。但是德保派人查阅了半个多月，也没有发现张廷玉对朝廷有任何不轨之心或怨怼之词。这下，乾隆皇帝放心了，认为张廷玉还是靠谱的。

乾隆皇帝见查不出来问题，便草草收场，又担心造成不良影响，他便罚了德保两个月的俸禄，以儆效尤。德保只得背黑锅，如果没有皇上的旨意，打死他，他也不敢查抄张廷玉的府邸。

乾隆皇帝感觉对不起张廷玉，抄了张家，没收了这么多金银，让张廷玉免费打工一生，但是银两退给张廷玉又不对。乾隆皇帝有了另外的补偿办法，他立即赏赐了张廷玉之子一批金银，当然这个金银也是从张家没收来的，羊毛出在羊身上，同时升张廷玉之子为内阁大学士，张廷玉的几个子侄也连升两级，还批准张廷玉回老家桐城安度晚年。

乾隆二十年（1755 年）春天，为官五十载的张廷玉终于走完了其精彩的一生，享年八十四岁。乾隆皇帝得知噩耗，感觉张廷玉还是不错的，只是有时跟自己较真儿罢了，当场降旨，赦免张廷玉以往的过失，配享太庙。

张廷玉低调为官，也让他的后代得到了庇护，三子张若澄官至内阁学士、礼部侍郎，小儿子张若渟做到了兵部尚书……在大清朝，张家所得到的恩赐和荣耀之隆，在群臣中屈指可数。

许多年之后，风烛残年的乾隆皇帝，将要在龙榻上回顾他的一生，想到三朝重臣张廷玉，拿起毛笔用小楷写了一段话：“纵观数千年的历史，奸臣、弄臣叹多，直臣、忠臣叹多。能如张廷玉这般历三朝仁君隆恩而始终稳居高位而不倒的重臣，仅一人而已！”